Carl Bopp

Der Vokalismus des Schwäbischen in der Mundart von Münsingen

Carl Bopp

Der Vokalismus des Schwäbischen in der Mundart von Münsingen

ISBN/EAN: 9783743416284

Hergestellt in Europa, USA, Kanada, Australien, Japan

Cover: Foto ©Thomas Meinert / pixelio.de

Manufactured and distributed by brebook publishing software (www.brebook.com)

Carl Bopp

Der Vokalismus des Schwäbischen in der Mundart von Münsingen

DER

VOKALISMUS DES SCHWÄBISCHEN

IN DER

MUNDART VON MÜNSINGEN.

ZUR ERLANGUNG DER DOKTORWÜRDE

DER

HOHEN PHILOSOPHISCHEN FACULTÄT DER UNIVERSITÄT
STRASSBURG

VORGELEGT VON

CARL BOPP
AUS MÜNSINGEN.

STRASSBURG.
VERLAG VON KARL J. TRÜBNER.
1890.

G. Otto's Hof-Buchdruckerei in Darmstadt.

Es ist mir eine angenehme pflicht, den männern meinen grössten dank auch an dieser stelle auszusprechen, welche mich während meiner dreijährigen studienzeit in Strassburg nicht nur unausgesetzt ihr wohlwollen geniessen liessen, und mich liebevoll in die wissenschaft einführten, sondern mir auch die anregung zu vorliegender schrift gaben und durch winke und anleitung der mannigfachsten art am fortgang meiner arbeit regen anteil nahmen: meinen verehrten lehrern, den hh. proff. Dr. Martin und Dr. Henning gilt in erster linie mein dank, wenn ich mich in dankbarkeit meiner verehrten universitätslehrer erinnere. Aber auch allen denen habe ich zu danken, welche mich durch mitteilungen unterstützten, die meiner arbeit förderlich waren.

DER VERFASSER.

GEBRAUCHTE ABKÜRZUNGEN.

Au. = Mundart Auingens. „landmundart".
B. Al. = Alemannia, zeitschrift von Birlinger.
B. Augsb. = Birlinger, Mundart von Augsburg.
B. Al. Sp. =   „   Die alem. Sprache rechts des Rheins seit dem 13. Jhdt. Berlin 1868.
Beitr. = Beiträge zur Geschichte der deutschen Sprache und Litteratur, hersg. von Paul & Braune.
Fr. = Frommanns Deutsche Mundarten, bd. I—VII.
gschw. = gemeinschwäbisch.
Heusl. = Heusler, A. Der alem. Consonantismus in der Mundart von Baselstadt. Strassburg 1888.
k. = Die südlichen katholischen nachbarmundarten unseres gebiets.
Kff. = Kauffmann, Fr. Der Vokalismus des Schwäbischen in der Mundart von Horb. Strassburg 1887.
Kluge = Kluge, Fr. Etymologisches Wörterbuch der deutschen Sprache. Strassburg 1884.
L. = Laichingen und seine mundart.
M., Mda. = Münsingen und seine mundart.
mdaa. = mundarten.
mda. = mundart, mundartlich.
ob. Ld. = oberschwäbische Lieder von 1633, Fr. IV 86—99.
Perath. = Perathoner, V., Über den Vokalismus einiger Mundarten Vorarlbergs. Feldkircher Gymnas. Progr. Innsbruck 1883.
Sailer = Sailer, Seb. Sämmtliche Schriften in schwäb. Dialekte. Neue Ausgabe von Hassler. Ulm.
Schm. = von Schmid, Schwäbisches Wörterbuch, Stuttg. 1831.
Siev.[3] = Sievers, Grundzüge der Phonetik, 3. auflage. Leipzig 1885.
Stäl. = von Stälin, Wirtembergische Geschichte.
Stick. = Stickelberger, H., Lautlehre der lebenden Mundart der Stadt Schaffhausen. Aarau 1881.
Weinh. = Weinhold, K., Alemannische Grammatik. Berlin 1863.
Weitz. = C. Weitzmann's sämmtliche Gedichte in schwäbischer Mundart. Stuttgart 1873.
Wint. = Die Kerenzer Mundart des Kantons Glarus in ihren Grundzügen dargestellt von J. Winteler. Leipzig und Heidelberg 1876.

EINLEITUNG.

Münsingen, eine der 63 oberamtsstädte des königreichs Württemberg, liegt auf der hochfläche des Schwäbischen Jura und zwar auf dessen mittlerem, Rauhe Alb benannten teil. Auf dieser hochfläche ist von einer wenn auch nur schwachen talbildung nicht die rede: erhebung und niederung stehen in buntem wechsel mit einander. Wenn die Münsinger mda. dennoch „täler" kennt (*wīsdál, haedál, duifądál, khítļ* usw.), so sind hierunter keine eigentlichen täler zu verstehen, die in ihrem verlaufe sich senken und erbreitern, sondern unregelmässige niederungen, die plötzlich ihren anfang nehmen und ebenso unerwartet abschliessen. Die „berge" dieses gebietes (*hoųrbèrg, áląbèrg, ekəlęsbèrg* usw.), die ebenso wenig einen gipfel, kamm oder dergl. haben wie unsre „täler" wasserläufe, sind einfache erhöhungen. Echte täler gehören der hochfläche der Alb nur mit ihrem äussersten anfang an und ordnen sich in die flusssysteme des Neckars und der Donau ein.

So sehr die vertikale gestaltung der hochfläche der Alb den verkehr der ortschaften unter einander erleichtert, so sehr erschwert sie die abgrenzung eines gebietes mit einheitlichem mundartlichem typus. Nehmen wir zunächst M. als ein sprachindividuum zum ausgangspunkt unsrer untersuchung. Welches idiom wird hier gesprochen? Dass M. zum schwäbischen sprachgebiet gehöre, wird durch Birl. Al. Spr. s. 1 bis 44 sehr in frage gestellt, der es s. 23 ausdrücklich als zum „rein-alemannischen" sprachgebiet gehörend bezeichnet,

d. h. zu dem vom j. 496—536 unter der schutzherrschaft des Ostgoten Theodorich stehenden teil Alemanniens, der durch die demarkationslinie (s. 12) von dem enger an die herrschaft der Franken geknüpften „fränkisch-alem." teil Alemanniens geschieden war. Indessen Birlinger nennt s. 1—44 und weiterhin fast auf jeder seite lautformen, wörter, kulturhistorische momente „echt-aleinannisch", „fränk.-alem.", „schwäbisch", von denen die ersteren, die für M. gelten sollten, dies nur zum teil tun, während M. einen teil der angeführten alem.-fränk. u. schwb. merkmale besitzt. Aus der grossen zahl heben wir nur einige fälle heraus:

Für die zugehörigkeit M.'s zum rein-alem. sprachgebiet wären *daęsdig* dienstag, *dr wais sǫntig* der weisse sonntag, *ęs<üns* uns (a. a. o. s 70), anzuführen, während der rein-alem. charakter M.'s u. a. schon durch die fränk.-alem. *khęrn* keller, gegenüber alem. *khèrr, mòrg* morgen (flächenmass) — alem. *mįxart, šopf* schuppen, m. — alem. *šupf* widerlegt wird, am meisten aber dadurch, dass die Münsinger mundart das schwäb. *gwêa* gebraucht (a. a. o. s. 25) und *gsi* gar nicht kennt. Sie hält dieses für „schweizerisch" und stellt ihm mit der grössten geringschätzung gegenüber, während es ihr in der diphthongierten form *ysaę* schon näher liegt. Vgl. unten. Auch der ort Frankenhofen, 3 std. sö. von M., der bei dem a. a. o. s. 17 f. angenommenen verlauf der „demarkationslinie" in das rein-alem. gebiet fällt, würde als fränkische ansiedelung auf demselben befremden.

Aus diesen widersprüchen, welche sich noch vermehren liessen, scheint hervorzugehen, dass M. in einem übergangsgebiet liegt. Nach Weinhold (Al. Gr. s. 8) soll unsre mda., da sie *gwêa* hat, zum niederschwäbischen gehören, welches nach ihm vom oberschwäbischen durch die Alb geschieden wird. Aber abgesehen davon, dass als grenzscheide zwischen zwei idiomen höchstens ein gebirgskamm, schwerlich eine bewohnte, ausgedehnte hochfläche wie unsre Alb gelten kann, so wird seine aufstellung schon dadurch hinfällig, dass noch weit gegen süden, bis über die Donau hinüber, wo die Alb längst aufgehört hat, das ptcip. *gu͏̂êa* gilt. Tatsächlich ist *gwêa* schwäb.; aber *ysaę*, das diphthongierte *yesį̄n*, ist es auch. Innerhalb des schwäb. gebietes kann das part. praet. des verb. subst. nicht mehr als einteilungsprincip dienen, da *gwëa* dem *gsąç* fast von jahr zu jahr neue gebiete abgewinnt. Einer mündlichen mitteilung aus Freudenstadt zufolge klingt dort *gsąç* schon altertümlich und wird nur noch von alten leuten gesprochen, während die jüngere generation *gwëa* sagt. Ein litterarisches zeugniss liegt in dem verhältniss der mda. Sailers zu der Weitzmanns vor. Beide autoren sprechen und schreiben die mda. des mittleren Donautals, der oberämter Ehingen und Riedlingen (s. Sailer s. XXI; betr. Weitzm. Gödeke III. bd. 1881, s. 1242). Die sonst fast ganz gleiche sprache ihrer schriften unterscheidet sich, von der auseinandergehenden transscription natürlich abgesehen, im wesentlichen nur dadurch, dass Sailer *gsąç* (g'sein) hat, während dies bei dem annähernd 50 jahre jüngeren Weitzmann dem *gwëa* hat weichen müssen. W. hat nur ein paar „*gsey*", meist im reim, z. b. s. 32.

Vielleicht auch in beziehung auf die spirantische aussprache des *g* im suffix *-ig* liegt M. in einem übergangsgebiet zwischen Oberschwaben und dem fränkische einflüsse zeigenden Niederschwaben, da es unterschiedlos *-ig* und *-iç* spricht. Vgl. hiezu Rapp bei Fr. II, 110.

Diesen abweichenden bestimmungen gegenüber glauben wir daran festhalten zu dürfen, dass M. durch die charakteristischen **schwäbischen diphthonge** *ai* und *au*, sowie die nasalierung in ihren verschiedenen stufen. — merkmale, die wir für allgemein schwäbisch halten —, zum **schwäbischen dialekt** gestellt wird.

Speciellere einteilungsgründe für das schwäbische aufzufinden, dürfte schwer fallen; wir verzichten daher darauf, eine einteilung des schwäb. in hauptmdaa. zu geben und M. seine stelle' darin anzuweisen. Wäre das verschiedene verhalten des mhd. *ê* in den schwäb. mdaa. von anderen eben so streng scheidenden merkmalen begleitet, so stände einer einteilung in die 2 hauptmdaa. des **ober- und niederschwäbischen** nichts im wege, die dann gleichbedeutend wäre mit der trennung in ein **katholisches** und ein **evangelisches** Schwaben. Vgl. § 24.

Für das „niederschwäbische" die eigentümlichkeit als massgebend in anspruch zu nehmen, dass der endvokal der diphthonge *ûa, îa* dort dem *a* näher steht als in M., welches dann zu einem „oberschwäbischen" gehören würde, ist wohl zu fein und zu leicht. Tatsächlich gilt diese erscheinung für Stuttgart und umgegend. Vgl. Kff. § 42 anm. 1: „altschwäbisch herrscht *ua*."

Begnügen wir uns also mit den hergebrachten benennungen ostschwäb., westschwäb. usw. und suchen wir so gut es geht nach grenzen in der nachbarschaft. die zunächst kleinere gebiete von einander trennen. Der berührte unterschied in der entwicklung des mhd. *ê* trennt M. und seine ev. nachbarn von k. M. hat einen teil der mhd. *ê* über *ae* in *ê* verwandelt, während k. in der entwicklung aller mhd. *ê* bei *ae* stehen geblieben ist. Die begründung dieser erscheinung s. s. 55. Neben diesem durchgreifenden unterschied bestehen noch folgende von geringerer strenge. Ein ähnliches conservatives verhalten zeigt k. in der beibehaltung der altschwäb. *ao* in den 4 plur. praes.: *haǫd, laǫd, šdaǫd, gaǫd* < mhd. *hânt* usw., welche in M. durch *hę̀ənd, lę̀ənd, šdandəd, gaŋəd* vertreten sind. Umgekehrt ist k. in der entwicklung des ahd. *ei* im suffix -*heit* einen schritt weiter gegangen zu *hòet*, wo M. es entweder zu *əd* abgeschwächt hat wie in *graŋkəd*, oder die gschw., mit der schriftsprache übereinstimmende form *haet* aufweist. Aus dem kathol. Magolsheim, 2 std. ö. von M., ist uns jedoch die form *fauklǝd* < *vúlkeit* bekannt. Das k. -*lę* für M. -*liç* < mhd. -*lich* ist gleichfalls nicht durchgängig unterscheidend: M. hat *faętlę* < *vîntlich*, und *frailę* < *vrîlich*. Durchgreifend ist dagegen die trennung M. *et*, k. *it* < mhd. *iht*; ferner svarabhakti bei *rn*, welche, wie überhaupt alle svarabhaktierscheinungen, M. fremd ist. k. hat *khòəra* < **koran* < *korn*, ebenso *šdèəra* < *stërn*, *gára* < *garn*. M. *khǫrn, šdę̀rn, gárn*. Diese erscheinung hat k. mit den ö. nachbarorten von M. gemein. Diese, als deren vertreter Laichingen gelten kann, trennt von M. und seinen nächsten nachbarn das Hart (*hárt*), ein bewaldeter. wenig bebauter und fast unbewohnter

landstrich von etwa 8 km breite und 15 km länge, der sich
nö. von M. von nw. nach so. hinzieht. Das Hart bildet eine
beiderseitig deutlich gefühlte grenze, was sich in der ver-
schiedenen räumlichen anschauungsform ausspricht: der
Laichinger bezeichnet die richtung Laichingen—Münsingen
als *hęndrę* = nach hinten, d. h. hinter das Hart, der Mün-
singer die umgekehrte richtung als *naus* = hinaus. Neben
einigen abweichungen von M., die Laichingen vielleicht allein
hat, wie *įéhú* für M. *įúhé; graus < krúse* für M. *grûag;
šdǫmpf < stumpf* für M. *šdrǫmpf;* ferner der verkürzung
der durch r-ausfall bewirkten vokallänge wie z. b. M. *wúšd*,
L. *wušd* — unterscheiden L. und mit ihm jedenfalls ein
grösseres gebiet im osten, ausser der obigen, bei k. schon
angeführten vokalentfaltung in *rn*, noch 2 punkte von M.:

1) Die superlativendung *-ęšd < -ôst,* bei den ordinalia,
die nach Weinh. s. 246 dem ganzen ostschwäb. eigen ist.
Also L *fįərtsyęšd*, M. *fįərtsigšd*.

2) Der umfassendere ausfall des nasalconsonanten, be-
sonders vor k, wo ihn M. gar nicht kennt. So neckt der
Münsinger den Laichinger, Suppinger usw. mit *laeçəd ao dê_a
hǫ́d naus* = jagt auch (= bitte) den hund hinaus; denn M. spricht
hǫnd. Diesen punkt hat der osten mit dem westen ge-
mein; so z. b. stehen iu diesen östl. und westl. mdaa. *bą́k,
dękd, hǫ́d, ęt, hǫ́d* den formen *bąŋk, dęŋkd, hęnd, ęnt, hǫnd*
in M. gegenüber. Für das ostschwb. s. die fälle in Birl.
Augsb., für den westen bei Kff.; diese entwicklung scheint
im Gäu und Schönbuch (zwischen Horb und Stuttgart), in
der Steinlacher gegend bei Tübingen (Fr. VII, 412 ff.) und
jedenfalls bis Reutlingen verbreitet zu sein.

Gegen n o r d e n irgend welche dialektgrenze anzugeben,
die das im bisherigen umschriebene gebiet um M. vollends
abschliessen würde, sind wir nicht im stande.

Wir hätten somit etwa folgende orte. die unter sich
und mit M. mehr verwandtschaft zeigen als mit den durch
die oben behandelten grenzen von ihnen geschiedenen: Böt-
tingen, Auingen, Mehrstetten, Hundersingen, Buttenhausen,
Apfelstetten, Dapfen, Gomadingen, Steingebronn, Dottingen,
Rietheim, Seeburg, Trailfingen, Gruorn.

Von diesem gebiet, dessen mda. wesentlich überall die-. selbe ist und mit der M.'s ühereinstimmt, hebt sich doch M., trotz seiner geringen grösse und bedeutung als

STADTMUNDART

ab. Nehmen wir das ¹/₂ stde. ö. von M. gelegene Auingen (Au.) als vertreter der mda. der genannten orte, also der „landmundart". Die merkmale, welche M. zur stadtmda. stempeln, sind einerseits unverkennbare einflüsse von kirche, schule und behörde, andrerseits selbständige entwicklungsstufen der mda.
Zweifellos in die erste kategorie gehört *mǫnd* mond; *mǫɋ* oder *mǫ́*, das sich den gesetzen der Mda. gemäss (s. § 20) aus mhd. *mâne* hätte ergeben müssen, kennt M. im gegensatz zu den andern mdaa. nicht mehr, wohl aber das gesetzmässige *mǫnǝd* (s. s. 47); dazu *mę́tiɤ* aus *mǎentae*; also wörter, in denen das grundwort durch ableitung und zusammensetzung eher geschützt war als wenn es isolirt stand. — *dǫurǫ* gegen Au. *důrnǫ* kann ebensogut entlehnung aus dem nhd. als selbständige entwicklung aus dem mhd. *dǫnren* sein; dasselbe gilt von M. *šbêt*, Au. *šbôt* spät; M. *bís*, Au. *bês* Base. Schwer ist die beurteilung von *send* 1. 2. 3. plur. praes., dem Au. die indicativisch gebrauchte conjunctivform *saič* gegenüberstellt, da letztere nicht erkennen lässt, wie sich mhd. *sint* in Au. entwickelt haben würde, um es mit M. *send* vergleichen zu können. Übrigens ist *send* aus dem mhd. nach den entwicklungsgesetzen der mda. gleich leicht abzuleiten, wie aus dem nhd. nach den lebenden gesetzen der mda. Klarer liegt die sache bei dem analogen M. *hę́nd*. Au. *hébę* 1. 2. 3. plur. haben; *hę́nd* ist natürlich autochthon. Ebenso kann *mitwǫɤɤ* gegen Au. *miɤdǫ*, obwohl beide grundlagen, die mhd. und die nhd., angenommen werden können, nicht einer einwirkung von letzterer seite sein dasein verdanken, da nicht einzusehen wäre, warum die andern, gleichwertigen wochentage in ihrer mda. form belassen worden wären (*daęšdiɤ, dǫšdiɤ* = dienstag, donnerstag). M. *ǫns* < *uns*, dem Au. *ais* < *üns* gegenüberstellt, braucht nicht aus der schriftsprache hergeleitet zu werden, es erscheint in andern schwb. mdaa. diphthongiert

als ąǫs (Kff. § 29); im bair.-schwb. als ǫs, wie überhaupt das ostschwb. den nasalcons. häufiger schwinden lässt. M. ǫns ist also den entwicklungsgesetzen der mda. völlig angemessen; seine unbetonte form ęs, die scheinbar üns zur grundlage hat. ist nach § 35 zu beurteilen. Vgl. auch Kff. s. 20. M. uiç — Au. ni < inch (in), kann sowohl in einem verdrängen, für M. der dativform, für Au. der accusativform, als auch in einem ursprünglich gemeinsamen niç seinen grund haben, von dem dann in Au. die gutturalspirans abgefallen wäre wie in andern pron. und sonstigen wörtern. In diesem sinne befremdet die inconsequenz M.'s gegenüber niç (s. § 15), was aber nicht genügt, um niç auf nhd. einfluss zurückzuführen. — Die monophthongierung von mhd. uo vor nasalen, welche M. gegenüber Au. ůa. ǫu aufweist, also z. b. M. blǫm — Au. blǫąm < bluome; M. khǫnę — Au. khǫąnę < *Kuonin, n. pr. = Frau Kuhn. muss als selbständige entwicklung M.'s angesehen werden, da sonst eine monophthongierung von mhd. uo wie im nhd. in M. unerhört ist. So wenig wie hier an entlehnung aus dem nhd. und anpassung an die lautgesetze der mda. gedacht werden kann, ebenso wenig im adv. M. ëlląmöl — Au. ëllig, welches in verbindung mit dem verb „pflegen" bedeutet; z. b. ŗ hòt ëlląmöl (unbetont) gsaet = er pflegte zu sagen. Unzweifelhaft ist jeder einfluss der schriftsprache ausgeschlossen in der entwicklung von mhd. nebentonigem -ingen in M. zu -gną, in Au. zu ŋą, z. b. Auingen: M. aogną, Au. aoŋą. Vgl. s. 43.

Damit sind die fälle erschöpft, welche M. scharf von den umgebenden landmdaa. unterscheiden und als besonders entwickelte stadtmda. charakterisiren. Wir wenden uns nun der systematischen darstellung der im übrigen gleichen mda. unseres gebietes zu.

In der transscription halten wir uns im allgemeinen an die aufstellungen Kräuter's in seinem aufsatz „Über mundartliche orthographie" bei Fr. VII, s. 305—332. Einzelne, von dem charakter des schwäb. bedingte, geringfügige abweichungen werden an ihrer stelle zur sprache kommen. — ļ, ŗ bezeichnen silbebildendes l, r.

LAUTLEHRE DER MUNDART MÜNSINGENS.

I. CAPITEL.
LAUTSTAND DER LEBENDEN MUNDART.

A. VOKALE.

§ 1. VOKALBESTAND.

Die Mda. kennt folgende vokale:
1) kurze: *u, ù, o, ò, a, è, e, ì, i*: ᴐ.
2) lange: *ú, (ȕ), ó, ȏ, á, ê, é, î, í,*
3) diphthonge a) *ȋa, ia. ea* sind uneigentliche diphthonge, weil die artikulation für den anfangsvokal länger ausgehalten wird, allerdings nicht so lang wie eine gewöhnliche länge der Mda. Den deutlichen unterschied dieser art von diphthongen von eigentlichen lässt die doppelte entwicklung von mhd. *ë* zu „langem" und „kurzem" diphthong erkennen. Denn dass wir in dessen zweitem element keinen nebenlaut erblicken dürfen, dafür spricht sein unterschiedsloses auftreten vor jeder art von lauten, s. § 33.
    b) Eigentliche diphthonge *α)* unechte: *èa.*
    β) echte: *ue, uo, au, ai, öe, ui.*
        Nasalirte vokale.
1) kurze: *ǫ, ą, ę, ę̨*;
2) lange: *ǫ́, ą́, ę́*;
3) diphth. a) uneigentliche *ǫ̨ą, ę̨ą*;
    b) eigentliche *α)* unechte: *ęą, β)* echte: *ąę̨, ąǫ, ǫę.*

I. CAPITEL. LAUTSTAND DER LEBENDEN MUNDART.

Was den lautwert dieser zeichen anlangt, so ist zunächst ein wort über ə zu sagen. Ein grosser teil der ə, d. h. der vokale unbestimmter färbung, welche in dialektschriften eine so grosse rolle spielen und oft verschiedene geltungen in sich zu vereinigen scheinen, kann wenigstens für das schwäbische eine genauere bezeichnung finden. Das u-, o-element in dem unbestimmten vokal fällt jedenfalls weg, da das schwäb. bei der artikulation seiner laute die lippen möglichst wenig in anspruch nimmt. Wenn lippenbeteiligung schon bei einer reihe von betonten vokalen unterbleibt, so ist dies um so natürlicher bei unbetonten, über welche nur hinweggeeilt wird. Es empfiehlt sich, in einer reihe von fällen, welche unten genannt werden sollen, an stelle des bisher üblichen ə ein kleines *a* zu setzen, wenn man damit einen laut bezeichnen darf, der in der nachbarschaft von *a* liegt und gleichsam ein helles, dünnes *a* ist. Die mundstellung bleibt dieselbe wie bei *a*, die zunge schiebt sich ein klein wenig nach vorn und oben; unwesentlich ist dabei eine hebung des unterkiefers: *ai* und *ae* etwa in *tsait* und *saet* sind selbst bei aufeinandergepressten zahnreihen zu unterscheiden. Gewöhnlich ist jedoch näherung der beiden kiefer begleiterscheinung der artikulation von *a*. Es lautet *a* in folgenden fällen: als end- und anfangsvokal von diphth. *ia*, *ia*, *êa*, *ea*, *au*, *ai*.

Ein unbestimmterer vokal, also immerhin durch ə zu bezeichnen, ist der nebenlaut vor *r* und der unbetonte vokal zwischen zwei consonanten, z. b *bôər* < *bâre* bahre, *wêgələ* wägelchen, *ligəd* < *ligent* sie liegen, *ts khommə̄d* zu kommen, *blôsəd* < *blâsida*, blasinstrument.

u der Mda. ist das Winteler'sche *u*[1] (Siev.[3] s. 82), das geschlossene *u*. *lufd* luft, *guką* gucken, *blut* bloss.

ü liegt etwas höher als W. *u*[2]: *bùrg* burg.

o ist das geschlossene, W. *o*[1]: *goṡ̌* verächtlich für mund; *mollę* engerling. *hopsą* hüpfen.

ò ist = W. *o*[2], es liegt genau in der Mitte zwischen *o*[1] und *a*: *hòt* hat, *bòrg* < *borge* das borgen, *òrgļ* orgel, *òrnęy* ordnung, *sòrgą* sorgen, *bòrt* borte.

a ist der basisvokal der *u*-seite der vokalreihe (Siev.³ 79): *hals* hals, *bałgą* zanken, aufgebracht sein, *warbą* gemähtes gras umkehren, *sdraką* ausgestreckt liegen, verächtlich für liegen überhaupt. *afdṛbèrgłą* erlaubte nachlese halten in fremden obstgütern.

è ist das offene *e*, W. *e*²: *bèrg* berg; *hèrts* herz, *gètr* gitter, *èšš* asche, *brèšdiərą* aushalten, leiden, *drèkłą* langsam, zögernd arbeiten (Schm. s. v.).

e = W. *e*¹: *brellą* schreien von kindern <*brellen*; *èšš* esche. *gelt* wassergefäss, *het* hätte, *fetr* vetter, *letsd* letzt, *et* nicht. *ì* liegt etwas höher als W. *i*²: *bìrg* bürge, *hìrn* hirn, *frìrną* verirren, *ìrtę* irden. *fìrbą* < *vürben* kehren.

i = W. *i*¹. *hišd* links, zuruf an zugtiere. *khitrą* kichern < *kittern*; *gnits* schlecht, wertlos, von erzeugnissen der landwirtschaft, < *kein-nütze*; *drillą* drehen. *frlikrą* schlau ausfindig machen < *erlückern* (s. Kluge s. v. locken).

Die vokallängen haben dieselbe qualität wie die entsprechenden kürzen.

ú: *fráχd* frucht, *dúsd* durst, *rúf* schorf auf vernarbter wunde; *lúdwig* Ludwig.

ù ist kein selbständiger vokal der Mda.; es tritt nur als anfangsvokal von diphth. auf. *rùat* rute, *fùər* < *vuore* fuhre.

ó: *gnót* knoten am fuss, *lót* lot, *bósgą* verüben, *mós* moos, *bód* boden.

ô: *hôər* haar, *rôtą* raten, *lôsd* lässest, *blô* blau, *nô* nahe, *môglshǫem* Magolsheim.

á: *grás* gras, *ládą* laden, *rád* rad, *gát* garten, *šwáts* schwarz.

ê: *hêfnr* hafner, *rês* scharf, salzig, prickelnd, < *ra:ʒe*; *bêəriɡ* kaum, zu *bər* bloss; *phêb* knapp < **behæbe*.

é: *débrą* zu *toben*, polternd schelten; *bér* beere, erdbeere; *khébą*, nur reflexiv, jammern, sich beklagen; *érn* hausflur < mhd. *ern*.

î: *mîər* mir, *bîər* bier, *dîər* tier.

ĭ: *ribĺ* m. das letzte vom brotlaib, < **ribel* zu *riben*, was gerieben wird zu suppe. *silbrbíl* flurname „Silberbühl". *disəmą* flüstern, *blúatigl* blutegel.

Diphthonge: *ùa*: *mùalt* < mhd. *muolt* backtrog; *ǫmùas* < *unmuoʒe*, ruheloser, geschäftiger Mensch; *sdùaf* < *stuofe*, vertiefung, welche im frühjahr die kartoffeln aufnimmt, aus denen sich ein mutterstock entwickeln soll; *šüalȓbüa* schüler.

ia: *liadriȓ* liederlich, elend (physisch und moralisch); *siatlą* sieden, *gmias* gemüse, *fias* füsse, *riatą* Rietheim.

ĕa: *rĕadą* < *rëden* sieben; *dĕagąmĕsig* zahm geworden, zu *dëgen* knecht; *lĕadr* leder.

ėa: *pfĕafŗdáy* tag der unschuldigen kindlein. *tsèaχχ* < *zëche*, engerer kreis von verwandten, die an der hochzeitstafel teilnehmen, was *ęnt tsèaχχ sitsą* heisst.

ae: *glae* klee; *lae* < mhd. *lê*, nur noch n. pr. flurname, selbständig oder in zusammensetzungen: *dŗ lae*, *baitąlae*, *büabislaelȩ*; *luet* logt; *saebùrg* u. pr. Seeburg.

ao: *raot* rot; *sluof* < *sloufe*, schleife; *šaob* < *schoup* bund stroh. *aosdŗdáy* ostern.

au (der laut, den *au* darstellt, ergibt sich, wenn man *a* nach s. 9 artikuliert; *u* ist der endvokal des diphthongs): *haus* haus, *mautŗig* krank, unpässlich, < *mutare?*; *hausrlȩ* lichtsparer; *gautsą* schaukeln; *šnaufą* atmen < *snûven*.

ai (diphthong mit dem anfangsvokal *a* nach s. 9): *baits* peitsche; *baigą* aufschichten; *graisą* < *krisen* kriechen; *gnaip* < *knip* schustermesser. Neckreim: *šüaïdŗgnaip, höt bèȓȓ ąm laib*.

òe: *glòeȓ* < *gelwiche* gelenk, glied einer kette; *sbròetą* < *spreiten* zerteilen, ausbreiten; *mòeslą* zirpen junger singvögel, zu mhd. *meise*.

ui: *fuiŗrgląmm* feuerzange, *brui* < *briuwe* bierbrauer; *šbruiŗ* spreu; *luig* eine apfelsorte.

Nasalirung.

Die schwäbischen nasalirten vokale, besonders ohne nachfolgenden nasalconsonanten, haben grosse ähnlichkeit mit den französischen; vgl. jedoch Siev.[3] s. 101. Für die nasalirten diphthonge lässt sich natürlich das französische nicht zum vergleich heranziehen. Sie unterscheiden sich lautphysiologisch nicht von den nasalirten vokalen: während hier der gleitlaut tönt, schwingt die luft im nasenraum mit.

ǫ: *sǫnn* sonne, *iǫg* jung; *khǫmmą* kommen.

ą: *rąŋk* < *ranc* biegung einer strasse, *grąmp* unartiges kind; *wąnn* wanne.

12   I. CAPITEL.

ẹ: šdẹ̀rn stern, fẹ̀rnt voriges jahr, lẹ̀rną lernen.
ę: khęnd kind; ręŋ < ringe leicht, dünn; ęmpǫlę̇ deminutiv von ąmpļ ampel.
ǫ̇: sǫ̇m same, drǫ̇m traum, nǫ̇ nur < nûn. bǫ̇ bohne, ǫ̇nę ohne.
ą̇: wą̇d wand, ą̇drę̇d enterich, khą̇ kann.
ę̇: nę̇mt 1. 3. sg. conj. praet. zu nę̇ąmmą nehmen, khę̇ kinn; šę̇ schön, ę̇mt < âmât öhmd.
ǫ̇ą̇: kommt in M. nur als entlehnung aus Au. vor. Vgl. s. 62. So: dǫ̇ą̇ < tuon. *Kuono — khǫ̇ą̇ n. pr. Kuhn.
ę̇ą̇: dę̇ąnn ̨dienen, nę̇ąmɣ niemand, brę̇ąm < brēmo bremse.
ǫę: ɣmǫ̇ę̇d gemeinde, frǫętšafd verwandtschaft, lǫęnn < leinen lehnen.
ąę: fąętlę eifrig, adv. < vintlich, ɣląę̇ < klîn klein; tsąęslę < zîse zeisig.
ąǫ: šąǫ schon, brąǫ braun, dąǫ getan, ląǫ lassen.

§ 2. LAUTGESETZE.

I.

Die vokalreihe der Mda. § 1 lässt erkennen, dass ihr die vermittelungsvokale ö, ü (Siev.³ s. 81) gänzlich fehlen. Die Mda. hat die eigentümlichkeit, die zungenartikulation eines hellen vokals mit der lippenartikulation eines dunkeln, und umgekehrt, nie zu verbinden, als lebendiges Lautgesetz. Mit andern worten: M. spricht die umlaute ohne lippenrundung; jeder ihr neu zugeführte vokal mit combinirter articulation wird reducirt, indem seine lippenarticulation aufgegeben wird. So lautet in naiv schriftdeutsch sprechendem schwäbischem munde ein nhd. leu als lai, system — sisdę̇m, ebenso ein frz. neveu als newé; douceur über *dusér bei Sailer s. 107 als diphthongiertes „Dusair". So erklärt es sich auch, dass das frz. malheur, das nach Brücke'scher transscription den vokal aœ, nach Winteler ö² hat, in M. als malêər erscheint; ebenso à la bonne heure als allabǫ̇nnéər. Beide wörter sind volkstümlich; die durch die gelehrtenschulen vermittelten frz. wörter auf -eur würden mit -ér in die Mda. übergehen, da dieses -eur vielfach als -öˡr gesprochen wird.

II.

Ein zweites heute noch wirkendes lautgesetz der Mda. ist die senkung, bezw. erhöhung der vokale vor nasalen: die vokale in der nachbarschaft von *o* und *e* fallen, wenn sie nasalirt sind, in diesen 2 vokalen zusammen. *a* und *α* ergeben nasalirt beide dasselbe: *ą;* *u, o, ǒ* lauten nasalirt gleich *ǫ*; *ę̨,* das auch zu *ǫ* gesenkt würde, kommt nicht vor, da *ü* nur vor *r* steht. In der gruppe *ë, e, i,* die nas. *ę* lautet, fehlt aus demselben grunde *ı̈*. Eine launige ausnahme von dem sonst streng durchgeführten gesetz bildet Au. *tsimęnt* < *zîmënte* cement, dessen *i* als blosse kürzung von *î* vor der senkung durch folgenden nasalcons. geschützt zu sehen befremdet. In M. lautet *tsęmęnt*, wie etwa *mę̈nisdr* minister, *dęnîǝrą* diniren. — *è* erscheint auch selbständig nasalirt zu *ę̨* vor *rn*, sowie im diphth. *èa* : *ę̨ą*, z. b. *gę̨rn, wę̨rnr* n. pr. Werner; *dę̨ąnnę* diesen < **dënen*. *lę̨ąnd* < *lânt* lassen.

Die nasalirten langen vokale stehen in denselben gruppen zusammen und ergeben die langen nasalvokale *ą́, ǫ́, ę́*. In *ę́* sind hier alle *ê* vereinigt.

Von diphthongen vereinigen sich je zwei in der nasalirung: *ia* und *êa* lauten nasalirt gleich; zur bezeichnung wählen wir hier wie bei den übrigen den den vereinigungsnasalen der einfachen vokale entsprechenden laut, also hier *ę́ą;* z. b. *dienen* — *dę́ąną, dēmere* — *dę́ąmr* dämmerung. — *ae* und *ai* vereinigen sich in *ąę̨*. Für *ae* vor *n (m, ŋ)* gibt es ein direktes beispiel nicht, da das schwäb. *ae* teils aus altem *ê* entsteht *(sê-sae)* und dieses kein *n* hinter sich hat (ausgenommen *wênag* und *zwêne*, welche auch in M. durch *ę́* vertreten sind: *wę́nig, tswę́)*. Zum andern teil entsteht unser *ae* aus umgelautetem germ. *au*, das gerade vor nasalen, *n* und *m*, mit ganz wenigen ausnahmen zu *ǫ́* zusammengezogen wird, z. b. *bôna* — *bǫ́* bohne, *boum* — *bǫ́m* Baum (s. s. 52). Dieses *ǫ́* lautet dann regelrecht um zu *ę́;* also *ae* vor nasalen kennt M. nicht. Dass aber trotzdem *ai* nasalirt einen diphthong ergibt, der auch aus einem nasal. *ae* entstanden wäre, wird durch den der Mda. ziemlich geläufigen verlust der nasalirung in folgendem fall sicher gestellt. Ahd. *runsi* der wasserlauf, nahm auf grund von § 14 *β* folgende entwicklung:

mhd. *rûnse* wurde infolge des Staub'schen gesetzes (§ 14β) zu *rę̓sę̓* oder nach unsrer schreibung zu dem gleichlautenden *rǫ̓sę̓*, welches in Horb vorliegt; und dieses durch aufgabe der nasalirung zu M. *raesę̓*, n. pr. name eines teiches. So lautet der nasal. diphth. *ǫę̓* also wie *ęi̯* in *lęi̯s* < *linse* linse.

Kehren wir nach dieser notwendigen auseinandersetzung zu unsern diphthongen zurück. Das nächste paar, *ǫo* und *ęu*, ergibt *ǫǫ̓*: z. b. *lân — lǫǫ̓* lassen, *brûn — brę̓ǫ̓* oder *brǫǫ̓* *óe* und *ui* ergeben *ęę̓*: *bǫę̓* < *bein*, Au. *nǫę̓tsg* < *niunzic* über *nuinzic. Der diphth. *èa* kam schon oben zur besprechung, und das unpaarige *ûa* kennt nasalirt nur Au. S. s. 12.

Das geschilderte lautgesetz findet fast ausnahmslose anwendung auf wörter, welche heute der Mda. zugeführt werden; z. b. *thǫmult* tumult, *thǫnnèll* tunnel, *mę́nę̓* mine, lautet gleich mit *mę́nę̓* mähne, ahd. *mana*. Mumie — *mǫ́mie*, lumen — *lǫ́men*.

B. CONSONANTEN.

§ 3. BESTAND AN CONSONANTEN.

Die Mda. kennt folgende Consonanten:

Artikulations-Kategorie.	Halbvokale.	Verschlusslaute.		Spiranten.	Nasale.	Liquiden.	Hauchlaute.	Diphthonge	
		fort.	len.					Affr.	Asp.
Labiale	*w*	*p*	*b*	*f*	*m*	—	—	*pf*	(*ph*)
Dentale	—	*t*	*d*	*s, š*	*n*	*l, r*	—	*ts*	(*th*)
Gutturale	*i̯*	*k*	*g*	*χ, ç*	*ŋ*	—	*h*	—	*kh*

Bei spiranten, nasalen und liquiden ist nur die lenis in die tabelle aufgenommen, da die entsprechende fortis graphisch durch gemination ausgedrückt wird.

Über die artikulation dieser consonantzeichen ist folgendes zu sagen:

Halbvokale.

w ist labiolabial, es erscheint nur im silbenanlaut, z. b. *aufwèrfŗ* maulwurf; *waisą*, st. v. < mhd. *wîsen*, bei pflichtbesuchen zwischen gevatterleuten ein geschenk geben; *gaiwits* < *gibitze* kibitz. *w* im inlaut könnte befremden, das wort wird als zusammengesetztes gefühlt.

i̯ ist das consonantische *i*, es lautet ohne jedes reibungsgeräusch; es steht nur im anlaut. Z. b. *i̯ôr* jahr; *i̯ǫmŗ* jammer, *i̯ẽgŗ* jäger.

Verschlusslaute.

Über *p* und *b*, den labialen verschlusslaut, ist nichts zu bemerken. Beispiele: *drǫmpétŗ* trompeter; *hóp* gartenmesser < **hâpe, happe*; *rap* < *rappe*, schwarzes pferd: *hopsą* hüpfen, *bèsdlą* dilettantische kleinarbeit machen (Fr. VII, 423), *bossĺbûa* knabe, der kleine, leichte arbeit zu besorgen hat; vielleicht zum vorigen; *brís* < frz. *prise* = schnupftabak; *gráb* grab, graben; *hébą* halten.

t und *d* sind postdental. Beispiele: *grèt* < *kratte* korb; *halt* eben, adv.; *hęntsle̜* himbeere, demin. des ersten compositionsteiles von *hintber*; *hét* < *herti* hart; *šbǫnt* spund < *spunt*; *grǫnt* < *grint-*, verächtlich für kopf. *dùrn* turm; *égd* egge < *egede*; *dríslág* starker, ungeschlachter mensch, vielleicht mit aufgabe der nasalirung aus einem **drînslage?* *dótsbek* neckname für bäcker, vgl. Schm. s. v. daatsch.; *módę* 1) mode, 2) cichorie, weil stoff zum modegetränk, dem kaffee; *bádsdûal* flurname; *snédŗig* mager, hager, dürr (Schm. s. v. schnüderig); *ąnębęndą* ein junges selbstgezüchtetes stück vieh nicht verkaufen, sondern grossziehen. *ditļdaté* n. pr., auf der letzten silbe betont, übername eines armen weibes. Zusammensetzung mit mhd. *tütel?*

k und *g*, in der nachbarschaft heller vokale palatal, dunkler vokale guttural (*k*[1] und *g*[1] nach Siev.[3] s. 62). Beispiele: *flèak* flecken; *glak* < *klac* spalt, ritze; *sukļ* in der schülersprache = tintenklex, aus lat. *sucula? rik* < *ric* zu *rihen*, *rigę, rik* = fadensträngchen. *dǫŋkļ* dunkel; *duk* m. < *tuck-* hinterlistiger streich; *sęŋkę* pflichtgeschenk, *haotsiçsęŋkę* hochzeitgeschenk; *gręŋkŗ* kränker; *bǫką* < *bocken* stossen wie ein bock; ausweichende antwort auf fragen nach dem eintreffen eines ereignisses: *wenn t ailą bokəd* = wenn die eulen b.; *riką* Friedrike; *sdǫęrigļ* lange reihen von steinhaufen längs der äcker, aus den aus letzteren hinausgeworfenen steinen angesammelt, zu *rîhe; grúblą,* unumgelautetes mhd. *grübelen* bohrend graben; *grèaχdmaχχr* mensch, der sich schlichtend in alles mischen will. *gnapą* < *gnappen* wackeln, daherhumpeln; *grótą* geraten, gedeihen; *arg* sehr; *gǫmpą* pumpen.

Spiranten.

f, labiodentale spirans. Beispiele: *hóf* hof; *frkhǫmmą* begegnen; *sufrórsdifļ* suwarowstiefel; *sufrór* = suffrohr, volksetymologisch aus Suwarow; *muffą* faulig riechen, von fleisch, zu mhd. *müffeln; raif* = lat. *pruina; sóf* schaf; *šlaifą* 1) auf dem eise gleiten zur belustigung, 2) scharf machen ; *seərąślaifŗ* scheerenschleifer.

Die enge bei *s* wird hinter den oberzähnen gebildet, bei *š* hinter den alveolen. Beispiele: *òes* < *eiʒ* eiterbeule; *saikhąnt* seihkanne; *rîasļ* < *rüeʒel* rüssel; *sìaχ* < *siech* 1) subst. schimpfwort, 2) adj. (veraltet) = krank, in sprichwörtlichen redensarten wie *usmąndŗ gąǫ wìą sìaχą nąs* = zerfliessen wie eine kranke nase; *rûas* russ < *ruoʒ; ąləmósą* almosen; *òbədsèag* abendsegen, abendgebet; *mòs* fehlerhafter fleck < *máse; grèąsbó* grünspan < *grüenspán; sussalą* schnelle, ungeschickte bewegungen machen; *gsnúdŗ*, zu *snuderen*, katarrhalische geräusche in der nase; *sbèęļ*, zu *spache*, holzscheitchen; *supfą*, zu *schieben*, durch einen raschen stoss in bewegung versetzen; *lessą* löschen < *leschen*.

χ in der nachbarschaft dunkler vokale entspricht Siev. *x*¹; *ç* in der nachbarschaft heller vokale entspricht Siev. *χ*¹ (s. 125). Beispiele: *vrèch* — *frèaχχ* frech; *sárwèçdŗ* scharwächter; *haešoχχ* heuhaufen; *náχd* nacht; *khaltąbûaχ* n. pr. flurname; *ríçdą* richten; *įaχd* jagd: *graosmèçdig* sehr gross; *gleçdŗmiççļ* tadelnd, = mensch, der über kleinigkeiten lacht. *milç* oder *milχ* milch; *baχχą* backen; *lerχ* < *lërche* lerche. Hinter liq. erscheint *ç* und *χ*.

Nasale.

Über die artikulation von *m* ist nichts zu bemerken; *n* hat dieselbe artikulationsstelle wie *t, d;* bei *ŋ* wird der

verschluss am weichen gaumen gebildet. *epflmũas* apfelmus;
ammąkhęndlę muttersöhnchen; *gąmpą* die füsse schaukelnd bewegen: *mólą* malen; *málą* mahlen; *maul* mund; *fląmm* flamme.
pfannąkhũax pfannkuchen; *nágl* nagel; *naidig* neidisch,
geizig; *sęnnîąrą* „sinniren", nachdenklich sein; *gǫnną* gönnen;
sǫnn sonne.

ąŋk < *anke* genick; *mąŋ* < *mange* glättrolle; *bąŋk* m.
bank; *hęŋką* hängen, trans. *hąŋą* hängen, intr. *ląŋą* genügen,
herreichen; *fǫŋk* funke.

Liquiden.

Das *r* der Mda. ist das gerollte alveolar-*r*; diesen charakter hat es vor vokalen und consonanten der labial- und
gutturalreihe, sowie im auslaut. Vor dentalen ist es nicht
gerollt, sondern wird durch einen einmaligen anschlag
des zungenblatts gegen die alveolen artikulirt. Wir lassen
diesen unterschied graphisch unbezeichnet. Beispiele: *gretsą*
kratzen; *riss* riss; *raot* rot; *śdark* stark; *mòrgą* = *cras*; *fòrr*
vor; *hèrrsąfd* herrschaft; *wòərt* wort; *gárn* garn; *grîəb* <
griebe ausgeschmolzenes speckstück; *drôdlą* langsam arbeiten,
zögern, wohl zu *trecken* ziehen zu stellen; *arm* arm subst.
und adj.; *òərt* ort, ende oder anfang eines gegenstandes.

Das *l* der Mda. ist das helle postdentale. In unserem
gebiet, wenigstens in den landmdaa., scheint früher das dunkle,
u-haltige *l* geherrscht zu haben; Auingen besitzt es noch
durchaus; Magolsheim zum teil; das ½ stde. nördl. von M.
gelegene Trailfingen sprach es noch bis vor etwa 10 jahren,
jetzt zieht es sich immer mehr zurück und lebt nur noch im
munde alter leute fort; die Trailfinger jugend, welche es mit
mühe abgelegt hat, neckt damit ihre Auinger altersgenossen,
welche es noch sprechen. Vgl. Schm. s. 336 die „hohle" aussprache des *l* in Biberach. — Beispiele: *wálą* < *waln* sich
wälzen; *áləfęntsig* knauserig, zu *alevanz*; *glosdą* ohne flamme
brennen; *silbrbil* Silberbühl, flurname; *lúgąbail* lügenhafter
mensch.

Der

hauchlaut *h*

tritt in M. nur im anlaut auf: *hufą* rückwärtsgehen von angespannten zugtieren, ohne zweifel von mhd. *hûfen*; *hêl*, impers., es ist glatt, hat glatteis, < mhd. *hæle*, ebendaher auch *hēlęŋŕ* heimlicherweise; *fŗhôərəd* zerzaust < *hâren*; *hǫęm* m. ortsfarre, geht auf ahd. **heimo* zurück, in dem jedenfalls *heim* n. das heim, dorf steckt, got. *haims*; *hâbŗ* haber; *haobèrg*, flurname = Hochberg; *haotsaitŗ* hochzeiter = bräutigam; *haitlq̨* < *hiufeln* erde aufhäufen um die kartoffelpflanzen; *hùrg.lęs-bǫ́nq̨* runde, weisse bohnen, zu mhd. *hurgen* wälzen.

Diphthonge.

Die affrikata *pf: pfręądnŗ* pfründner; *pfęndq̨* auspfänden; *pfery̨* < *pherrich* umzäunter raum auf freiem felde für die schafherde; *pfaif* pfeife.

ts: tsèatļ < *zètel* zettel; *butsq̨* putzen < *butzen*; *glitsq̨* funkeln, glänzen < *glitzen*; *dats* < *tatze* schlag mit dem stab auf die innenfläche der hand, schülerstrafe; *wútsļ* < *wurzel* wurzel; *tsiagļ* ziegel; *tsíl* ziel; *tsąǫ* < *zûn* zaun.

Von aspiraten ist nur *kh* wirklich volkstümlich; *ph* und *th* stehen nur in lehn- und fremdwörtern.

Einige beispiele für *kh: khês* käse; *khág* das innere, feste am kohlkopf; *khóy* < *koye*, schimpfwort, deckt sich in der bedeutung ganz mit dem alem. kaib; *khelble* fläschchen, zu *kalbe*; *khǫŋkļ* < *kunkel* spinnrocken; *khǫntŗbǫnt* kunterbunt (s. Kluge s. v.); *khiafŗ* küfer; *khaffŗ* überlästiger zuschauer, ungehobelter mensch, geht ohne zweifel auf *kaffere* zurück.

Unorganische aspiraten kommen in allen 3 artikulationsklassen vor, wenn vor *h* ein verschlusslaut tritt; lenis wird in diesem falle zu fortis, da die mit einem expirationsstrom von geringer stärke einsetzende lenis nicht von einem gewaltsam nachstürzenden hauch von grösserer expirationsstärke gefolgt sein kann. Beispiele: *khaiq̨* < *gehien* werfen. Dass dieses syncopirte *ge* vor *h* nicht anders lautet als organisches *kh* aus ahd. mhd. *k* vor vokalen im anlaut, wird durch die schreibung *k* in schriften in schwäb. mda. bewiesen, welche besonders das genannte wort, dessen etymologie meist unbekannt ist, im anlaut erfährt: „keia", „keua" usw., während andere wörter mit durchsichtigerer herkunft auch dieser entsprechend geschrieben werden, wie „g'halta", „b'haua", welche eigentlich transscribirt werden müssen: *khaltę*, *phaoę*. Ebenso *thęęmęd* = die heimat, *thaisr* = die häuser.

Ähnlich entstehen unorganische affrikaten durch zusammentritt des verschlusslautes mit der spirans derselben artikulationsstelle; *tsǫnn* = die sonne; *gráts* gerades, zu *grád* gerade; ist *d* auslaut, *s* anlaut eines selbständigen wortes oder compositionsteils, so bleibt *d* bestehen: *lád sę* = lade sie; *báďsaitę* badeseite. Doch ist der unterschied zwischen *ds* und *ts* nur schwer herauszufinden. Ein beispiel für unorg. *pf* müssen wir bei den kathol. nachbarmdaa. M.'s entlehnen, welche vor *f* dentalen in labialen verschluss verwandeln: *ipfil* < *it fil* < mhd. *iht vil* = nicht viel; *pfrao* gegen M. *d frao* = die frau.

§ 4. LÄNGE UND KÜRZE ODER FORTIS UND LENIS?

Wie in den süddeutschen mdaa. überhaupt, so fehlt auch in M. eine unterscheidung von stimmlosen und stimmhaften verschlusslauten. Die verschlusslaute sind alle stimmlos.

Eine trennung der verschlusslaute im schwäb. ist, vielleicht im gegensatz zu elsässischen mdaa., jedoch nicht abzuweisen. Es handelt sich nur darum, ob beispielsweise einerseits *t* als länge oder fortis, andrerseits *d* als kürze oder lenis des dentalen verschlusslautes aufzufassen sei. Es ist klar, dass fortis-aussprache, da sie über eine grössere menge expirationsstrom verfügt, dem verschlusslaut zugleich eine grössere dauer verleiht, der lenis gegenüber, auf welcher der expirationsstrom nicht so lang und stark verweilt, und die daher auch als kürze bezeichnet werden kann. In den meisten fällen ist jedoch der gegensatz von fortis und lenis weit hervortretender als der von länge und kürze. Reine länge erscheint in M. überhaupt nur secundär, z. b. *d dir* die türe, eine länge, welche zur geminata wird, sobald sich das erste *d* an ein vorausgehendes wort anlehnen kann: *ant dir* an die türe.

Es hätte auch keinen sinn, im inlaut nach langem vokal, diphth., liq. oder nasal länge und kürze zu unterscheiden; der eindruck, den die lautgruppe *ald* auf das ohr macht, bleibt derselbe, ob man im gegensatz zu *bald* in *khaldd* den dentalverschluss länger anhält oder gar nicht löst, vorausgesetzt, dass beidemal die schall grenze im *l* liegt. Um ein anderes beispiel zu wählen, so würde der unterschied von *lód* (mhd. *lode*) und *lót* (mhd. *lót* gar nicht zur geltung kommen, wenn man in *lót* die fortis *t* durch die länge *dd* ersetzte. Diese und ähnliche wortpaare sind aber in M. streng geschieden. Eine nähere beobachtung lehrt, dass bei *lód* das *d* schon jenseits der schallgrenze liegt, welche in das *ó* fällt, während sie bei *lót* in die pause des verschlusslautes fällt. Der verschluss braucht auch hier gar nicht gelöst zu werden, um doch *lót* genau von *lód* unterscheiden zu lassen. — Ebensowenig hat es einfluss auf das wortbild, ob man im anlaut einen consonanten länger oder kürzer aushält, namentlich bei verschlusslauten, wenn nicht zugleich fortis-aussprache die länge begleitet.

So scheint denn für M. der unterschied von fortis und lenis am platze zu sein, zumal da auch nach Heusler kap. 1 gerade dieser unterschied dem mhd. wechsel von media im in- mit tenuis im auslaut zu grunde liegt, der mit seinen verschiedenen wirkungen auf dem gebiet der vokaldehnung noch in moderne schweizerische und westschwäbische mdaa. hereinragt. Vgl. § 8.

In der transscription bezeichnen wir die fortis bei den verschlusslauten durch das für die tenuis übliche zeichen, die lenis durch das zeichen der media. Bei den übrigen consonanten bezeichnen wir fortis durch doppelschreibung, aber nur im auslaut und inlautend zwischen sonanten; das einfache consonantzeichen bedeutet lenis. — Wirkliche geminata im sinn von Siev.[3] s. 191 wird durch doppelschreibung mit trennungszeichen ausgedrückt, vgl. § 6.

LAUTGESETZE.

§ 5. I. FORTIS UND LENIS.

A. Fortis muss eintreten:

1) nach kurzem vokal und *èa* in hoch- und tieftoniger silbe: *hèall* hell, *wèk* weg, fort, *fill* viel, *òblat* oblate, *tsikary*

cigarrre, *i* hochtonig, *a* tieftonig; *galliot* < mhd. *galiôt* galeerensträfling, *a* tieftonig, *o* hochtonig.

2) bei verlegung der schallgrenze (Siev.³ s. 189) nach *r* bei zusammensetzungen: *hèrkot* herrgott; *šnůrpåt* schnurrbart; *khìrpiss* kürbis, hier wird zusammensetzung mit *biss* < *biʒ* biss gefühlt. Vielleicht ist auch *marpαχχ* Marbach hierherzustellen, wenn nicht das *b* dem ausgefallenen *k* seine verhärtung verdankt, wie es die alte form Marcbach (Stäl. I, 600) wahrscheinlich macht.

3) hinter *r*, wenn auf dasselbe im gleichen worte folgt a) *d*, z. b. *hèərt* < *hèrd-* herd; *wèərt* < *wèrd-* wert; *fèrtnαnd* Ferdinand; *èdəwart* Eduard; b) *b, g* + cons., z. b. *fèrpd* färbt, zu *fèrbα*; *herpšd* herbst; *bòrkd* borgt, zu *bòrgα*; *erpd* erbt, zu *erbα*.

4) bei ausfall von conss. a) von *r*, z. b. *aet* < *ērde*, über den vokal s. s. 57; *hiss* hirsch < *hireʒ*; *khiss* kirsche < *kirse*; *ůšš̩* Ursula; *åšš* < *ars* arsch. *t*, vor welchem *r* in grossem umfange ausfällt, ist ohnedies fortis. S. die beispiele § 13, 3. b) von andern conss., namentlich *d, t, n;* nicht so durchgängig wie beim ausfall von *r*. Beispiele: *aepìr* erdbirne < mda. **aethìr; grǫmpìr* < grundbirne; *èapr* jemand < mda. *èalbr < mhd. *ètewēr;* ebenso *èapəs* etwas, *èapαhṇ̍*. letzte silbe betont, irgendwohin < *ètewǎhin; hęmpér* < *hinthere*, neben dem volkstümlicheren *hęntålę̨; alpαχχα* < *althachen altbacken; *pháχkèalt* pachtgeld; *bèaklok* betglocke, neben dem nicht zusammengesetzten *glok* glocke. Ausnahmen bilden: *šdßαyrt* < *štuotgarie* Stuttgart, wo das gemeinschw. die zu erwartende verhärtung des *g* zeigt: *šdukart; phiαyot* behüte Gott, gruss beim abschiednehmen, die analogie mit *griαsgot* gruss beim willkomm, hat wohl das *g* in *got* als len. bewahrt, wie vielleicht die an kinder gerichtete ermahnung zur höflichkeit zeigt: *såg ao*[1] *griαsgot* ǫnd *phiαgot* = sage auch grüssgott und behüte Gott. Beide wörter haben zweierlei betonung: auf der ersten silbe betont sind sie ein nachlässigerer, auf der zweiten betont, ein herzlicherer gruss;

---

[1] *ao* steht fast bei jedem imperativ und macht denselben zu einem bittenden, ermahnenden

ersteres auch in genannter mahnung. *khẹ́bet* f. kindbett,
wochenbett, verdankt die erhaltung der len. vielleicht dem
ausfall zweier conss. nebst dehnung des *e*. — Ausfall von *ch*
liegt vielleicht vor in *nòta* < *nàchdem* = dann, auch verkürzt
zu *nòχda, nòχχ, nô*.
  Bei ausgefallenem *n* wird nur folgendes *š* zur fortis:
waẹšš < *wünsche*. Zur „verschärfung" der conss. nach ausgefallenem *n* vgl. Staub bei Fr. VII, 386.
  5) im anlaut vor *h*. S. s. 18.

  B. Lenis muss stehen:
  1) im wortanlaut: *dág* < *tag-*, *drága* < *tragen*, *glaẹ*
< *klin* klein, *gnui* < ahd. *kniu*, *bris* < *prise* schnupftabak,
gretsa kratzen, *drîb* trieb usw. Auch im anlaut des zweiten
teils von gefühlten zusammensetzungen: *huedál*, flurname,
Heutal, *wisdál* Wiestal; dagegen bleibt fortis der herkunft
treu in compositis, welche als éin wort sich mda. entwickelten.
z. b. *saetḷ* < **sétal*, flurn., *khitḷ* < **kirchtal*, *baọtḷ* < **bountal*.
  Nur im affekt kann auch fortis das wort anlauten, wegwerfung und verachtung ausdrückend, z. b. *ḷlaushúa* lausbube,
lliadriẹr liederlicher, *ssaudommy* "saudummer", *rrẹutfiẹ* rindvieh, *tipḷ* < *tübel*, sonst mda. *dipḷ* dummkopf, schwachkopf, zu
toban von sinnen sein. Wegwerfend: *dés wòes ẹ šao llay* =
das weiss ich schon lange. In der energischen verneinung
nnoẹ < *nein* wird die fortis sogar zweigipflig, und es entwickelt
sich sonans aus ihr.
  2) nach spiranten und verschlusslauten: *rêaχd* recht.
šdêt < *staete* langsam, *šbritsa* spritzen, *šbiayḷ* spiegel. *aogšdtla*
< **ougstelen* wetterleuchten (im August, d. h. hochsommer),
sûaχd sucht, 3. sg., *gráfd* kraft, *šikd* schickt, *lêabd* lebt, *raisd*
reisst, *khomšd* kommst.
  3) im auslaut unbetonter silben: *khaofad*, 2. pl. praes.
und imp., *ts drêaffad* zu treffen, *narrəd* närrisch < *narrëht*,
hupəd blasinstrument der knaben aus losgeschälter junger
rinde < ahd. **huppida* aus einem verb. **huppan*, daneben
das wort *haphorn* für ein entsprechendes grösseres instrument;
zusammenhang mit dem ndl. *haperen* stottern (Kluge s. v.)
macht der stotternde, schnell hervorgestossene, kurze ton

dieser instrumente wahrscheinlich. *jů̃gəd* jugend, *óbəd* abend, *arbəd* arbeit.

C. Im anlaut betonter silbe, welche nicht an erster stelle des wortes steht, steht lenis, wenn ihr muta oder spirans vorausgeht: *sèpdęmbr̦, okdóbr̦, bišdól* pistole. Geht ihr ein vokal voraus, so wird sie bei flüchtigerem hinwegeilen über die erste unbetonte silbe, was ganz vom individuum abhängt, ganz zur folgenden silbe gezogen und lautet diese B. 1 entsprechend als lenis an. Bei weniger rascher aussprache der vortonigen silbe gehört der cons. beiden silben an, und es lautet fortis. Beispiele: *madér̦ç — matér̦ç* < materie = eiter, *midág — mitág; regrut — rekrut; lafór — laffór* lavoir, schüssel; *tsigór̦ç — tsikór̦ç* cichorie; *khǫmót — khǫmmót* subst. die kommode, adj. = bequem; *khąmę́ — khąmmę́* kamin; *filaiçd — fillaiçd* vielleicht. Doch neben *əlǫç* < *aleine* kommt ein *əllǫç nicht vor. Ebenso kennt M. nur *brotál* < *brutal* grob, patzig; *ladąęniš* ist selten gegenüber dem häufigeren *latąęniš; gukǫmr̦* neben *gugǫmr̦* gurke: *salòt — sallòt* salat; fast stets nur *khatóliš, šbitál*. Bei *thabét — thapét* glauben wir sogar bedeutungsdifferenzirung constatiren zu können, indem die redensart *ufs thabét brę́ą* zur sprache bringen, die form mit *p*, welche tapete bedeutet, nicht zulässt. *p* leistet überhaupt hier energischeren widerstand und lautet fast immer als fortis: *khapéll* kapelle, *khapitl̦ — khabitl̦, bapaiər* papier, *khapnt — khabut* kaput; *drǫmpétr̦, sulpétr̦, bąntoff l̦* pantoffel. daneben die abgekürzte form *doff l̦; godnaiχd — gotnáχd* gute nacht.

Mit lenis lauten auch stammsilben an, welche weder hochbetont sind noch an erster stelle des wortes stehen, d. h. denen ein präfix vorsteht. So *fr̦glágą* verklagen, *ądrǫŋką* ungetrunken, ohne getrunken zu haben, *ądréatą* untreten, *ądrágą* antragen, die halmhäufchen zu garben zusammentragen; nach analogie der zusammensetzungen mit *ą́* lautet auch in *ądréçd* < *antreche* enterich, lenis neben regelmässigem *ęnt* ente.

D. Das etymologische verhältniss von fortis und lenis kommt unter berücksichtigung dieser lautgesetze in M. also nur nach langen vokalen, den diphthongen ausser ea, sowie liq. und nas. zum vorschein. Beispiele: bád bad, — bát bart, wald — khalt. fẹnd 1. sg., — fẹnt 3. sg. von fẹndą, suid 1. sg. — suit 3. sg. v. siadu; saidę seide — saitę seite, bild bild — bilt 3. sg. praes., bellt. múatŗ — brúadŗ, arg (arg) sehr — śdark stark, śiabą schieben — śiapəlą schuppen, zu schnope; hẹplę kleines gartenmesser, zu hóp < mhd. happe, — hẹb 1. sg. conj. praes. von haben, hán.

So erscheint auch ahd. t der flexionssilben in M. verschieden; als fortis: huot < houwan, khait < gehien, śrait, frùet freut, śhrẹnt springt, gnelt knallt, khẹmt < *kámiti, dem schwach und stark zugleich gebildeten conj. praet. von khǫmmą, wie er in M. bei starken verben sehr beliebt ist. Auch das Elsass, sowie die Kerenzer mda. kennt die erscheinung (Wint. 149). Ebenso nẹmt 1. 3. würde nehmen < *námiti.

Als lenis erscheint altes t: gébd < *gábiti, śríbd < *scribiti, lisd < *lieʒiti, lisd < liset er liest, drẹŋkd trinkt, súaχd sucht, glaobd glaubt usw.

§ 6. II. GEMINATEN.

Die Mda. kennt keine organischen geminaten (Siev.[3] 191). Unorganische werden sogar oft vereinfacht zu fortis und selbst zu lenis. Beisp.: hẹml-laŋ himmellang, behält seine geminata, weil das wort nur durch fortwährende erinnerung an seine compositionsglieder seine bedeutung haben und bewahren kann. Das wort wird gewissermassen jedesmal bei dem vergleich eines langen gegenstandes mit der höhe des himmels über der erde neu gebildet.

Anders hòellaos heillos, hier wird die gem. nur zur fortis, das wort ist in seiner zusammensetzung nicht gegenwärtig und nimmt die bedeutung „abscheulich" an. Ebenso fortis in brẹnnessļ brennnessel; die vorstellung, welche dieses wort hervorruft, enthält nicht mehr die beiden merkmale klar. Der zweite compositionsteil ist der Mda. sogar ganz abhanden gekommen, was auch die nebenform *Irenness* zeigt, die dem sprachgefühl als simplex zum *demin. *brennessla* plur. erscheint. Zur lenis wird die geminata in *tsornikļ*, bezeichnung eines jähzornigen menschen, eigentlich zorn-nickel (Nikolaus), wie solche mit attributen versehene taufnamen noch mehrfach vorkommen, u. a. *khuxxemiççļ*, *khitymiççļ* mensch, der über kleinigkeiten kichert, *goesaphéty* liebhaber von ziegen, vgl. Fr. III, 314 ff. — *fauḷentsy* ≤ *fúl-lünzer*, die selbständige bedeutung des zweiten teils schwand. In *siglak* < *sigļ-lak ist das gänzliche aufgehen eines sonantischen *l* in lenis befremdlich. Vgl. jedoch s. 75.

Nach bestimmten regeln wird das geminirte *l* behandelt, das durch antritt der demin.-endung *lę* entsteht. Tritt sie an consonantisches *l*, so wird die geminata zur lenis vereinfacht: *gaul* < *gûl* pferd, — **gail-lę — gailę*; *bál* ball — *bêl-lę, *bêlę*; *sòel* seil — *sòelę*. Vor sonantischem *l* tritt ə ein: *fòyļ — fégəlę*, *sèassļ* sessel ≤ *sězzel — sèassəlę*, *satļ — sètəlę*, *fligļ* flügel — *fllg lę*. Diese formen, z. b. *fégəlę*, kann man auffassen als entstanden aus einer mhd. form *vogellīn*, wobei die geminata zur lenis vereinfacht worden wäre, weil sie in unbetonter silbe stand; das *e* hätte sich, als ə, durch die geminata noch länger geschützt, der synkope entzogen. Oder lag unsrem mda *fégəlę* eine form zu grunde, welche durch unmittelbare anhängung der dem.-endung an die mda. form *fòyļ* entstand; natürlich mit eintritt des umlauts hätte sich so ergeben *fégļ lę*, aus dem sonant. *ļ* hätte sich dann ein vokal, ə, entwickelt: *fégəlę*. Die erstere entstehungsart verdient den vorzug, da die dem.-endung die entwicklung nur zusammen mit dem grundwort machen konnte, und nicht nachträglich an das schon entwickelte mda. wort antrat.

II. CAPITEL.
HISTORISCHE STELLUNG DER MUNDART.

§ 7. DAS GEMEINSCHWÄBISCHE.

Als einleitung in dieses kapitel möge ein wort über das gemeinschwäbische, die sprache der städtischen kreise Schwabens, vorausgeschickt werden, welche im gegensatz zu den verschieden entwickelten bäuerlichen mundarten, in den genannten kreisen fast eine allgemeine geltung besitzt. Diese überall gleiche lautform lässt schon vermuten, dass sie nicht aus einer vermischung, einem compromiss zwischen der volksmundart und der schriftsprache hervorgegangen sein kann: ein solcher hätte überall anders ausfallen müssen. Es ist also anzunehmen, dass das gschw. zeitlich den volksmdaa. voraus liegt und eine weiterentwicklung des mhd. darstellt, welche den einzelnen schwäb. mdaa. zur grundlage ihrer sonderentwicklung diente. Diese annahme ist für die umrisse des gschw. richtig, wie die in der folgenden darstellung des mda. vokalsystems bei interessanten gelegenheiten mit aufgeführten gschw. lautformen zeigen werden. In einzelnen fällen ist entlehnung, bezw. compromiss mit der schriftsprache nicht ausgeschlossen. Seine grenze gegen die volksmdaa. ist ziemlich fest, während es seinerseits verschiedene stufen des ausgleichs mit der schriftsprache zeigt. Einige beispiele werden einstweilen das gesagte verdeutlichen: *snē* mhd. — *snē* gschw. — *šnae* mda. *strō* mhd. — *šdrṓ* gschw. — *šdrao* mda. *schōne* mhd. — *šǫ́* gsch. — *šaṇ* mda. *gebracht* mhd. — *brǫ́χd* gschw. - *brṓχd* mda. *jâr* mhd. — *iōr* gschw. — *i̯ōər* mda. *morgen* mhd. — *mórgą* gschw. — *mòrgą* mda. *hān* mhd. — *haṇn* gschw. - *haǫ* mda. *geist* mhd. *guešd* gschw. — *gòešd* mda. In einem fall wie *gsakd* gesagt. *gipšd* gibst, ist entlehnung aus der schriftsprache anzunehmen, da die genannten formen zwischen mhd. *geseit* — mda. *gsaet*, und mhd. *gist* — mda. *gaid* nicht unterzubringen sind. Aber im gschw. einen blossen compromiss zwischen der Mda. und der schriftsprache zu sehen, geht doch nicht an, angesichts der vielen formen, welche unleugbar eine stufe der historischen entwicklung vom mhd. zur Mda. bilden.

A. VOCALE[1].

I. QUANTITATIVES VERHALTEN ZUM MHD.

§ 8. STELLUNG DER MDA. IN DER VOKALDEHNUNG.

Das schwäb. hat im allgemeinen die mhd. vokale in der weise verschoben, dass es die mhd. kürzen gedehnt, die längen getrübt (mhd. *â* — *ao* — *ô*) oder diphthongiert (*ô* — *ao* usw.) und die diphthonge, man möchte sagen verbreitert hat (*ei* — *òe*, *ou* — *ao*, *ie* — *ia* usw).

Das schwäb. steht nun, besonders in der dehnung der mhd. kürzen, nicht überall auf gleicher stufe.

Nach Heusler §§ 17, 20. war auslautende lenis nach vokalkürze nicht sprechbar; daher die verhärtung inlautender lenis zu fortis im auslaut im mhd. und einigen ahd. quellen. Dagegen konnte lenis leicht hinter kurzem vokal stehen, wenn sie sich als anlaut an eine silbe desselben wortes anschliessen konnte. Die dehnungsbewegung des schwäb. ging nun, wie es scheint, davon aus, dass die sprache bestrebt war, den wechsel von fortis und lenis, etwa in *tac* — *tages*, auszugleichen, d. h. da die lenis öfter vorkam, diese durchdringen zu lassen. Infolge dessen musste der vokal vor dem nunmehrigen lenisauslaut gelängt werden, um nicht gegen obiges gesetz zu verstossen; das ergebniss war also: *tág* — *tages*. Dieser

---

[1] Von einer ähnlichen behandlung der consonanten musste abgesehen werden.

lautstand hat sich in alem. und westschwäb. mdaa. erhalten (vgl. Weinh. s. 75—77; Perath. s. 10.) *kláy* — *klagą*, *bód* — *bodą*, *sáy* — *sagą*, wären ein paar beispiele. Das übrige Schwaben, worunter unsre mda., hat nun auch den wechsel in der quantität beseitigt und überall vor lenis die länge durchgeführt: *gláy* *glágą*, *dráy* — *drágą* usw. Ebenso in Basel, II. s. 24.

So steht es mit der längung vor lenis. Vor fortis erhält M. die mhd. kürze, ebenso vor mehrfacher consonanz. In letzterem punkte unterscheidet es sich vom ostschwäb., welches auch hier schon beginnt, in grösserem umfang zu dehnen. M. *warm*, *sak* steht ostschw. *wárm*, *sák* gegenüber.

— In den folgenden abschnitten betrachten wir die quantitätsverhältnisse der Mda. gegenüber der alten sprache im einzelnen.

§ 9. 1. VOKALDEHNUNG VOR LENIS.

Nach dem vorigen § dehnt M. die mhd. vokale, welche von einfacher lenis gefolgt sind. Als lenis gelten und wirken die mhd. medien *b*, *d*, *g*, der hauchlaut *h*, von spiranten *s* und germ. *f*, *v*; die liq. *l*, *r*; der nasal *n*, und der halbvokal *w*, der intervokalisch in M. zu *b* wird. — Schwankend verhält sich *m*; die fälle, wo vor einfachem *m* der vokal gedehnt wird, sind ungefähr gleich zahlreich wie die, in denen *m* als fortis wirkt und die kürze erhält. *ŋ* ist stets fortis; der vokal vor *ŋ* wird nur in ein paar beispielen gedehnt: *láŋŋ* lang, = grossgewachsen; da *ŋ* stets fortis ist, so lassen wir graphisch das einfache zeichen dafür gelten. *gsáŋ* gesinge, *gsbráŋ* gespringe.

Beispiele.

Für *b*: *lob-* — *lób* lob; *nabel* — *nábļ* nabel; *schub-* — *šúb* schub; *sib-* — *síb* sieb. Ausnahme: *tübel* - *dipļ* schimpfwort; zu *toben* unsinnig sein.

Für *d*: *rëden* — *rêadą* sieben; *laden* — *ládą* laden; *bód* < *boden* boden; *rad-* — *rád* rad; eine ausnahme ist uns hier nicht bekannt.

Für g: *tag* — *dág* tag; *sagen* — *sága* sagen; *boge*
— *bóg* bogen; *gezigen* — *tsīgą* gezichen; *gezogen* — *tsógą*
gezogen; *ligen* — *ligą* liegen; *maget* — *mágd* dienstmagd.
Kurz bleibt jedoch der vokal in *vogel* — *fokd, jaget* — *jaɤd*.
Für *h: bühel* — *bíl*, name eines höher gelegenen stadtteils von Münsingen; auch sonst in flurnamen: *silbɤbíl; rihe*
— *fí* vieh; *stahel* — *šdál* stahl.
Für s: *lësen* — *léasą* lesen; *rise* — *ris* riese; *bewisen
— *bewisą* bewiesen; *hase* — *hás* hase; *gras* — *grás* gras;
mos — *mós* moos.
Für germ. *f, v: oven* — *óf* ofen; *haven* — *háf* topf;
hof — *hóf* hof; *rufe* — *rúf* schorf über vernarbender wunde;
kiven — *khifą* kerne, samen mit den schneidezähnen kauen;
këver — *khéafɤ* käfer; *swëvel* — *swéafļ* schwefel, (aus der mhd.
nebenform *swëbel* wird das mda. deminutiv *swéabalę* schwefelhölzchen); *schiver* — *šifɤ* schiefer, davon *šifrig* störrisch, von
pferden; *glufe* — *glúf* stecknadel; *tavele* — *dáfļ* tafel; < ahd.
hevil — *héfļ* sauerteig. aber *heff* < *hafjo* mit gleicher bedeutung;
cavea — *khéfię* käfig; *stival* — *šdífļ* stiefel; *wifelen* — *wífļą*
zu *wëben*, strümpfe stopfen. Merkwürdigerweise wirkt in *schëf*,
der nebenform von *schif*, das *f* wie germ. *f*; die Mda. hat
nämlich das wort *šéaf*, schote der zuckererbsen, das mit dem
elsäss. *šiffļ* gleiche bedeutung und wohl auch herkunft hat.
Nach Heusler s. 12. ff. war im mhd. in *schëf* und ähnlichen
auf einfachen consonanten auslautenden wörtern, der im inlaut mit doppelconsonanz wechselte, *schëffes*, dieser cons. zur
lenis im auslaut geworden und bewirkte nun vokaldehnung:
šéaf. So erklären sich auch formen wie *khá* < *kan*, plur.
kunnen; *mą* < *man* gen. *mannes*; denen ein regelmässig
mit fortis entwickeltes *sęnn* < mhd. *sinn-* gegenübersteht.
Ferner *khé* < *kin, kinnes*; *fól* < rol. *volles*, während *foll*
vollends bedeutet und aus diesem abgekürzt sein kann; *bál*
< mhd. *bal, balles*, spielball der kinder; das unvolkstümliche
ball tanzfest, ist jedenfalls entlehnung aus der schriftsprache;
ibɤál < *überal*; *gwís* < *gewis, gewisses*; *hálą* hallen, von
mhd. *hal* abgeleitet, wie das nhd. hallen. Auch ursprüngl.
$\mathfrak{z}$ im auslaut wirkte in solchen ausnahmefällen als len.: *wás*
< *waʒ*, analog damit das nur in der schulsprache vor-

kommende *dás.* artikel und demonstrativ, < *daʒ;* sonst ist dafür *dés* üblich, aber nur als demonstr., ob hierin umgelautetes *dás* oder selbständig entwickeltes mhd. *diʒ, diz* zu sehen ist, das sich über *dis zu *dís* gestaltet hätte, lassen wir dahingestellt; ein analogon zu der wandlung *i — é* fehlt übrigens. — *dr̥bís* einstweilen, < mhd. *biʒ* bis, das *dr̥* ist bewirkt durch die analogie mit dem gleichbedeutenden *dr̥wail,* wo es ganz am platze ist; mhd. *beschiʒ* liefert *bšís,* neben *bšiss;* hier ist eher secundäre dehnung anzunehmen, etwa wie in *gšwáts* geschwatze, wie überhaupt die wörter dieser bildung langen vokal lieben. Vgl. s. 28.

Kehren wir zu unsrer vokaldehnung vor **organischer lenis** zurück.

Beispiele für *r*: *fárą* < *varn;* *bír* < *bire* birne; *šôərą* < *schorn* mit dem spaten erde lockern; *bôərkhìrχ* < *borkirche* emporkirche; *dôər* < *tor* tor; *šdírą* < *stürn* stochern.

Für *l*: *dól* < *tole* abzugsgraben; *dúl* < *tal* tal (im ablautverhältniss *a — ô* steht dazu *dûəl* sanfte vertiefung); *málą* < *maln* mahlen; *tsál* < *zal* zahl; *khól* < *kol* kohle; *mêəl* < *mël* mehl; *gšdólą* < *gestoln* gestohlen; *wálą* < *waln* sich wälzen; *tsíl* < *zil* ziel; *hól* < *hol* 1) hohl, adj. 2) das hohl, scherzhaft für behausung. Dazu *hollą* < *holn* holen, welches eine der bei *l* zahlreicheren ausnahmen von der hauptregel bildet. Weitere sind: *dill* < *dile* diele; *šoll,* n. pr. Scholl < *schol;* dasselbe wort *soll* < *sol* soll; *fillę* < *vülin* füllen, aber *fólę* < *vole* fohlen; *tswelf* < *zwelif* zwölf; hier scheint schon die syncopirte form *zwelf* zu grunde gelegen zu haben; *wolfl* < *wol-veil,* wie die syncopirung des *ei* zeigt, hat sich die zweite silbe eng an *wol* angeschlossen, und die scheinbare doppelconsonanz *lf* die dehnung gehindert; daneben steht *wôl* wohl. In *fill* < *vil* viel, und *wèk* < *wëc* weg, adv., mag die nachdrückliche betonung dieser wörter im satzzusammenhang kürze und fortis bewahrt haben (vgl. Heusler s. 42).

Für *n*: *bę́nę* < *büne* 1) zimmerdecke, 2) dachboden; *máną* < *manen* erinnern; *fá* m. < *vane* fahne: *sǫ́* < *sun* sohn; *bá* < *bane* bahn; *há* < *han* fasshahn, *(gallus* heisst in M. *gokolr).* Ausnahme: *dǫnr* < *doner* donner.

Für *w*: *léb* < *lewe* löwe; *dibęŋq* < *Tuwingen* Tübingen (Stäl. a. a. o.).
Durch seine schwankende stellung bildet *m* den übergang zum folgenden §.

§ 10. 2. KÜRZEERHALTUNG VOR FORTIS.

Mhd. kurzer vokal bleibt vor den fortes; also vor: *p*, *t*, *k* und den aus diesen tenues bei der hochdeutschen lautverschiebung hervorgegangenen spiranten *ff*, *zz*, *hh (ch)*.
Bevor wir zu diesen beispiele aufführen, lassen wir zunächst *m*, das sehr zu den fortes hinneigt, dies an mehreren fällen zeigen.

m wirkt als lenis, der vokal wird also gelängt: *dëmere — dę́qmr* dämmerung; *hamer — hą́mr* hammer; *hę́ml-lqŋ* aber *hęmml* < *himel*; *kamere — khą́mr* kammer; *šlúbqkhą́mr* schlafzimmer, welches in häusern älterer bauart unmittelbar neben der wohnstube sich befindet; *tsę́mq* zusammen < *zesamene*, neben *sqmlq* < *samenen* sammeln, *sqmlad* häufchen halme, aus welchen die garben zusammengetragen werden; *drum — drǫ́m* fadenende; *schemel — šę́ml* schemel; *schamen — šę́mq* schämen; *brëmo — brę́qm* bremse; *imo* ahd. — *ę́m* ihm; *ę́mŗits* ammer, zu *amer; imin — ę́mę* flüssigkeitsmass; *lam — lą́m* lahm; *name — ną́m* name; *rame — rą́m* rahmen; *samát — są́mad* sammt; *zam — tsą́m* zahm. Der zweifelhafte charakter des *m* hat sogar ursprüngliche geminata angesteckt in *imbe — imme — ę́m* biene; während andrerseits unzweifelhafte lenis zu fortis wurde und langen vokal kürzte in: *lámel — lǫmml* messerklinge; *dûme — dǫmm* daumen; *pflûme — pflǫmm* pflaume.

Weiter wirkt *m* als fortis in: *hemede — hęmmad* hemd; *hamel — hąmml* hammel; *komen — khǫmmq* kommen; *nëmen — nęqmmq* nehmen; *sumer — sǫmmr* sommer; *rrum — frǫmm* fromm; *dëme — dęqmm* dem = diesem; *wëme — węqmm* wem; *klamere — demin. glęmmŗlę̨* wäschklammer; *schimel — šęmml* weisses pferd, dagegen *fŗšę́mlq* verschimmeln, also bedeutungsspaltung; *kumin — khęmmiŗ* kümmel; *vremede — fŗęmd* fremd.

Beispiele für *p, t, k*: *papel* bapḷ pappel; *trëten* — *drëata* treten; *gater* — umgelautet *gḙtr* gitter; *vater* — *fatr* vater; *geliten* — *glitą* gelitten und geläutet; *bote* — *bot* bote; *gesoten* — *gsotą* gesotten; *acker* — *akr* acker; *wacker* — *wąkr* ordentlich. Ausnahmen: *śdétą* Stetten, n. pr. < *steten; *wassŗśdétą*, *dĭrrą* -*śdétą*. — *détle* dem. (gschw. *déte*) von ahd. *toto* pate, *dóta* < ahd. *tota* patin, *dótafetr* gatte der patin; *gnót* < *knote* knöchel am fuss.

Beispiele für die s p i r a n t e n: *tręffen* — *drèaffa*; *leffel* — *lefḷ* löffel; *kaffere* — *khaffŗ* überlästiger zuschauer, schimpfwort; *gebizzen* — *bissą*; *wazzer* — *wassr*; *woche* — *wo̝χχ* woche; *rëche* — *rèaχχ* rechen; *sache* — *saχχ* sache. Ausn. *khóχ* u. pr. < *koch*; *ëltsŗmáχ* langsam, zuruf an eilige, < *gemach* und *alleż*.

§ 11. 3. KÜRZEERHALTUNG VOR DOPPELCONSONANZ.

Schon die spiranten *ff*, *zz*, *hh* konnten als doppelconsonanz gefasst werden. Ihre wirkung teilen sie mit den wirklichen doppelconsonanzen, worunter auch die mhd. geminaten, sowie das aus *sk* hervorgegangene *sch*, sich befinden. Natürlich rechnen wir hieher auch die affrikaten.

Statt mit einer aufzählung der massenhaften fälle auch nur zu beginnen, wenden wir uns gleich den ebenfalls nicht unbeträchtlichen a u s n a h m e n zu.

Solche unsystematischer art sind: *raeś* < *rëś < *resche*, spröde, von gebackenem; *él* < *elle* elle.

Besonders aber ist die verbindung spirans + *t* geneigt, den vokal vor sich zu dehnen; unter den spiranten *f* und *s* nur ausnahmsweise, *h* fast regelmässig. Z. b. *gifd* < *gift*; *gráfd* < *kraft* kraft; *gsáfd* < *saft* saft; *mǫ̈śd* < *most* apfelwein; *drèśdŗ* < *trester* trester.

Anmerkung. Ein eigentümliches wort mit vokaldehnung vor *st* ist *grúśd* = unordentlich oder überflüssig herumliegende gegenstände verschiedener art. In *grúśd* ein unumgelautetes mhd. *gerüste* < ahd. *gahrusti* zu sehen, verbietet einmal der umstand, dass *grúśd* masc. ist und also nicht neutrale bildung mit *ge-* sein kann; dann das vorhandensein von mhd.

gerüste in mda. regelmässig entwickelter form: *grîsd* u. Vielmehr ist eine stammform *krust* neben *hrust* anzunehmen, aus der sich *grîsd* mit leichtigkeit herleiten lässt, wie neben *hring* die stammform *kring* steht, die in der Mda. als das m. *grey* = kreis erscheint (*emm grey romm* im kreise herum) und neben sich das in dieselbe ablautreihe gehörende *grapf* hat = umschweifender, unnötiger wortschwall beim tadeln, < mhd. *krangel* kreis. Vgl. Kluge s. v. Kring.

Eine stütze findet unsre annahme in dem in einem grossen teil Schwabens verbreiteten M. *grap* m. der rabe, das wir nicht mit Kff. s. 2 als aus *ge-rappe* entstanden annehmen können. Das präfix *ge-* vor substantiven, welche nicht neutr. sind, ist, soweit uns bekannt, vor *r* in Schwaben sonst nicht gebräuchlich (vgl. die beisp. bei Kff. a. a. o. u. Schm. s. v. ge-). Die häufigkeit vor *s* und *š* mag eher einen rein phonetischen als formalen grund haben, wie in M. auslautendes *s* und *ts* gern *g* an sich zieht: *wêfse* — *wẻaftsg*, *štȧft* — *šdẻaftsg*, *brezitα* < *brẻatsg* bretzel; *bósga*, zu ahd. *bôso*, etwas verüben, *gäisgr* < *ganser* gänserich. So wird dort vor s-lauten *g* vorgeschlagen. Der *g*-vorschlag betrifft nicht überall in Schwaben dieselben wörter, dagegen ist *grap* fast allgemein schwäbisch. Wenn man nun bedenkt, dass die lautliche erscheinungsform eines wortes oft innerhalb enger grenzen sehr wechselt, das wort als solches aber ein ungleich grösseres gebiet beherrscht, was ein auch nur oberflächlicher vergleich schwäb. mit alem. mdaa. zeigt, so wird man dem weitverbreiteten *grap* wohl eine eigene stammform **krappo* ahd. zuerkennen dürfen, die neben **hrappo*, *hraban* stehen würde, wie *kring* neben *hring*. — Dass ein eigenes, überliefertes wort **krappo* in *grap* vorliegt, wird auch noch durch folgendes in hohem grade wahrscheinlich gemacht. Die wörter kohlrabe und kolkrabe bedeuten beide „schwarzer rabe" (Weigand, Campe s. v.); fasst man nun je den ersten bestandteil infolge dieser bedeutung als „kohle" so bliebe für das grundwort in einem falle krabe, was mit unsrer annahme übereinstimmt. —

Ausgedehnter als vor *ft*, *st* ist die vokaldehnung vor der gutturalspirans + altem oder neuem *t*. Die fälle sind folgende: *áχt*, *áχde* acht, achtung; *brîcdα* berichten; *dicdα* dichten; *dóxdr* tochter (oberschwäb. Lieder von 1633, bei Fr. IV, 92: *Toochtar*); *drêçdr* trichter < *trahter (tractarius)*; *fêaxdą* fechten, betteln; *gfóxdą* besorgt um etwas; *flêaxdą* flechten; *fruxd* frucht; *gíçdr* krämpfe kleiner kinder; *glêçdr* gelächter, aber *laxxą* lachen; *gríçd* gericht; *gslçd* gesicht; *gslçd* geschichte; *gsláxd* < *geslaht*, zart, glatt, vom spaltholz: nicht knorrig; aber *gslêçd* geschlecht, familie; *gwíçd* gewicht; *náxd* nacht; dazu Au. *nêçd* gestern abend < *hinaht*; *pháxdą* pachten; *súxd* sucht, jede epidemische krankheit; *wáxdļ* wachtel; *wêçdrhaislę* wächterhäuschen, dagegen in *sárwêçdr* scharwächter, *náxdwêçdr* nachtwächter, kürze erhalten, vermutlich weil nur tieftonig. Für die kürze in folgenden wörtern ist kein rechter grund einzusehen: *êçd* 8; *axtséą* 18; *axtsy* 80; *mèçdig* (mächtig) sehr, nur adv.; *shèçd* specht; *grêąsbèçd* blasser mensch; *fuxdlą* fuchteln, hat vielleicht als junge bildung die kürze bewahrt (Kluge s. v. fuchtel).

In nebensilben längt *ht* ebenfalls: *einzeht* — *qçtséçd* einzeln, *raotlêçd* ohne umlaut aus *roetelëht*; *ądrêçd* < *antreche* enterich.

§ 12. 4. VOKALKÜRZUNG.

Die kürzung von mhd. langen vokalen in der Mda. ist eine ausnahmeerscheinung und zurückzuführen teils auf folgende doppelconsonanz oder sonstige kürzeerhaltende elemente, teils auf mindere betontheit des wortes.

Auf die erste art sind etwa gekürzt: *grapf* eine art gebäck, mhd. *kräpfe*, vgl. Beitr. 7, 123, *rètsļ* rätsel < *raetsel*; *lerx* lerche < *lërche*; *hèrsafd* < *hêrschaft*; *wòpa* < *wâpen* wappen; *nèksd* < *naehest* nächst, durch syncope consonantenhäufung; *dussą* < *dā úzen* draussen.

Als hilfszeitwörter sind minderbetont: *lass* < *lâze* 1. sg., daneben 2. u. 3. sg. regelmässig: *lôsd* < *lâst*, *lôt* < *lât*. Der imper. ist wieder gekürzt: *la* < *lâ*, neben *lass*. Bei mhd. *hân* ist der vokal des infin. und 1. sg. praes. im gschw. gekürzt: *hann*; 2., 3. sg. in M. und gschw. gekürzt: *hòsd*, *hòt* < *hâst*, *hât*.

Das schnell hervorgestossene *sè* < *sê* = da nimm, das gleichbedeutende *dò* < *dâ* erklären die kürze ihres vokals aus ihrem charakter.

5. ERSATZDEHNUNG.

Mit diesem unpassenden namen bezeichnen wir die erscheinung in M., dass der vokal vor mehrfacher consonanz gelängt wird und der auf ihn folgende cons. ausfällt. Das unzutreffende des namens sehen wir deutlich bei vokal + *r* + cons. (dental, ausser *l*), da wir hier alle 3 stadien vor uns haben: ohne dehnung, dehnung mit beibehaltung des *r*, schwund des *r*.

§ 13. a) ERSATZDEHNUNG BEI *R*.

Die eben genannte bewegung findet für *r* nur bei *r* + dentalen statt. War der vokal einmal gelängt, so konnte der kurze anschlag (vgl. s. 17) gegen die artikulationsstelle der dentalen, auf den *r* vor den dentalen reducirt ist, sich der artikulation dieser consonanten immer mehr angleichen und zuletzt ganz mit derselben zusammfallen, d. h. *r* ist **ausgefallen**. Die drei stufen verteilen sich nun folgendermassen:

1) **Erhaltung der kürze**: α) in der gruppe vok. + *r* + *t* < mhd. *d*: *mort* mord; *mortió* mordio; *òrnęŗ* < *ordenunge*; *fèrtnąnd* Ferdinand. Ausn.: *hêərt* < *hërd*- herd; *wêərt* < *wërd*- wert. β) in der gruppe *orn*, ausnahmslos: *dǫrn, hǫrn, fǫrną* < *vornen, khǫrn, tsǫrn*.

2) **Dehnung mit erhaltung des *r*:** meist bei *or* + dentalen (ohne *d, n*) und in einigen andern fällen: *ôərt* ort, anfang oder ende eines gegenstandes; *wôərt* wort; *šdôərtsļ* < *storzel* stoppel; dazu *wôərą* geworden, hieher durch seine alte lautgruppe *ort* infolge grammatischen wechsels oder durch frühen ausfall des *d* im inf. *wêərą* und analog damit im part. praet., deren vokal nun gelängt werden konnte, weil einfache lenis folgte. — Eine ausnahme bildet *fòrtļ* vorteil, sowie das auf entlehnung deutende *dort* torte. Bei vokal (ohne *o*) + *rn*: *gárn* garn; *êərnad* ernte < *erne; érn* hausflur < *ern*.

3) **Dehnung mit *r*-schwund**: in der gruppe: vokal

(ausser *o*) + *r* + dental (ausser *d*, *n*). So: *wátą* warten; *gát* garten; *šwáts* schwarz; *šúts* schurz; *wúšd* wurst; *khítļ*, flurn., < **kirchtal* nach ausfall von *ch*, wie in *kirchwíhe* — **kirwai* — *khìrbę*; *khát* karte; *šwát* schwarte; *bútslą* burzeln; *bútsļbǫ́m* burzelbaum; *bútsr̥* kleine person; *šdúts* sturzblech; *bát* bart; *apátę* < *apart* besonders, vornehmlich; *bíšd* bürste; *fétig* fertig, aber *ferką* fertigen; hier fiel *t* aus, nachdem *i* schon syncopirt war, die schallgrenze wurde nun auf das *g* übertragen, welches dadurch zur fortis *k* wurde. — *wit* wirt; ebenso *wít* wird, 3. sg. praes. v. *wę́ərą* werden und 2. sg. *wíšd* wirst. Mhd. *rs* wird mda. zu *rš* und dann fällt *r* aus; ein fall von längung mit *r*-erhaltung ist hier nicht bekannt, dann würde *rs* bleiben: *fę́ərs* ferse < *vërse*. So *khíšš* < *kirse*; *híšš* < *hirʒ* hirsch; *úšš* < *ars* arsch; *úššļ* Ursula. Längung mit *r*-schwund kann bei *rs* nicht vorkommen, *rs* müsste dann zu *rš* werden; wohl aber kürze und länge mit *r*: *fę́ərs* ferse, *hìrs* hirse. Birl. A. S. s. 98.

Gänzlicher *r*-ausfall ohne vokaldehnung gehört nicht hieher; es sind die wörter *fut* fort < *vort*; ebenso bei Sailer s. 147: antwut; *bêbəlę* < *bärbele*, das in andern schwäb. mdaa. vorkommt, dem. von Barbara; in unbetonter silbe: *baliər* parlier.

Der typus 3) scheint weit in Schwaben verbreitet zu sein: im westen Horb (Kff. s. 3, 19 u. sonst), im osten Augsburg (Birl. Augsb. s. 4), hier jedoch selten. Die zahllosen schreibungen in schwäb., besonders den Birlinger'schen schriften, bei Sailer, Weitzmann — eine ältere belegstelle ist z. b. *waat* für *wart* vom j. 1770 aus Überlingen (B. A. II, 159), — genügen äusserlich für den beweis des gänzlichen ausfalls von *r*. Dass, wie aus sämtlichen schreibungen hervorgeht, auch nicht die spur eines vokals an stelle des geschwundenen *r* zurückbleibt, geht aus der natur der wandlung des *r* klar hervor: *r* wird eben nicht vokalisirt wie etwa *n* in der ersatzdehnung, sondern consonantisirt, genauer: dentalisirt, vgl. oben s. 35, es wird zum verschlusslaut.

Anmerkung. Die so entstandene länge wird nachträglich in L. gekürzt, sicher bezeugt in folgenden fällen: *híšš* — M. *híšš*, *wit* — M. *wít*, *gatą* — M. *gát*, *šuts* — M. *šúts*, *het* — M. *hét* < *herte* hart, *wušd* — M. *wúšd*.

§ 14. b) ERSATZDEHNUNG BEI *N*.

Der fall, wo *n* trotz der längung des vokals bleibt, fehlt hier, und mit recht. Während bei *r* die längung des vokals selbständig eintritt und erst dann *r* zu schwinden beginnt durch angleichung seiner articulation an die des ihm folgenden dentals, geht bei *n* beides hand in hand, d. h. die dehnung des vokals und die vokalisirung des *n*. Dass eine solche vorliegt und nicht angleichung an den folgenden consonanten, wie bei *r*, zeigt auch der mangel der verschärfung des cons., wie sie bei *r* eintritt: *khiss* — *wąd* wand, nicht etwa *wąt* < *wądd* < *wand*. Eine verschärfung tritt nur ein bei den fällen des Staub'schen gesetzes (Fr VII. Ein schweizerisch-alem. Lautgesetz, s. 18—36; 191—207; 333—389), und auch da in M. nur in dem einen *wąęššą* < *wünschen* (s. 39).

Wir unterscheiden *n*-vokalisirung mit und ohne diphthongirung des vorausgehenden vokals; wir betrachten zunächst die letztere.

α) Ohne diphthongirung.

Die *n*-vokalisirung ist in M. im gegensatz zu den andern schwäb. mdaa. wenig umfangreich; vor labialen und gutturalen fehlt sie gänzlich. Es heisst also in M. beispielsweise: *bąŋk* m. bank; *dąŋką* danken; *dęŋką* denken, *dǫŋk* < *tunc* weberwerkstätte; *fŗŗęŋką* verrenken; *grąŋk* krank, *grąŋkąd* krankheit; *hęŋką* hängen trans., *hąŋą* intr.; *lęŋks* links; *rąŋk* biegung einer strasse < mhd. *rank-*; *sęŋką* sinken; *šęŋką* schenken; *šwęŋką* schwenken, spülen; *šwęŋk* n. pr. Schwenk; *šǫŋk* schinken, unorg. umlautslos < mhd. *schinke;* wo die östl. und westl. nachbarmdaa. unsres gebietes *bąik, grąik, dęką, šęką* usw. haben. S. einleitung s. 5. Ferner hat M.: *grąmpf* krampf; *dąmpf* dampf; *hąmpf* hanf; *šęmpfą* < *schimphen* schelten; *ąmpļ* ampel. Hier wie vorhin bei *nk* handelt es sich um conss., welche in diesem falle mit dem die hauptrolle bei der nasalirung spielenden *n* gleichberechtigt sind.

Die vokalisirung des *n* vor dentalen hat in M. einige fälle aufzuweisen, denen eine überwiegende anzahl von nichtvokalisirungen gegenübersteht. Auch hier ist das ost- und westschwäbische bedeutend weiter gegangen. Der stand in M. ist folgender: *gę́s* gans, *gę́sgr* < *ganser* gänserich; *sǫ́d* sand, *n.*; *sǫ́thǫ̜m* ortsname Sontheim, 1 std. südl. von Laichingen, ein dazu gehöriges „Nordheim" ist nicht bekannt, lebt vielleicht als flurname weiter; *wǫ́d* wand; *wę́d* wind, *wę́dǫ̜* unpers., winden, *s wę́dǝd*; bei *ǫ́drę̜d* enterich < *antreche*, dem *ęnt* ente gegenübersteht, ist die vokalisirung des *n* wohl auf rechnung der volksetymologischen trennung *an-treche* zu setzen, wie auch das *d* zeigt (s. s. 23). Das präfix *an*-, dessen vokal nach § 9 gelängt wird, verliert sein *n* stets; unbetont, als präposition, steht *ąnn*; z. b. *ęfąg* anfang, *ę̜lą* anölen; *ąnn miǝr* an mir. *khę̜bet* < *khę́dbet* kindbett, befremdet neben *khęnd* kind; *fę́sdr* fenster; *dǫ́sdig* < *dǫ́rsdig* < *donerstag*- gehört eigentlich nicht hieher, da die längung des *o* nach § 9 zustande kam und dann mit dem *r* auch *n* ausfiel.

Ohne vokalisirung bleibt *n* vor *ts: dąnts* tanz; *gąnts* ganz; *grąnts* kranz; *sbręntsą* < *sprenzen* mit wasser besprengen; *swąnts* schwanz; *wąnts* wanze; *brąntsą* < *brunzen* pissen. Vor u n org. *ts: blǫnts* dicke wurst in magen und dickdarm, zu mhd. *blunsen* aufblähen, aufblasen; *bęntsĮ* pinsel < mlat. *pinsellus; frąntsą* fransen < mhd. *franzen; rąnts* verächtlich für leib, < mhd. *rans*, abgeleitete bedeutung: auf dem rücken getragene tasche, tornister; in tieftoniger silbe: *glémęnts* taufname Clemens.

Zahlreich sind die fälle der erhaltung des *n* vor *d, t: ąnwąnd* < *anwande*, schmalseite eines grundstücks; *hąnd* band; *bęndĮ* < *bendel*, band; *bęndą* binden, *ąnt* < *ande* nur in der unpers. gebrauchten verbindung *ąnt dǫ́*, z. b. *s dûǝt mr ąnt =* es thut mir a., d. h. ich vermisse schmerzlich, habe heimweh nach; *ąndr* ander; *bręntǝlą* nach verbranntem riechen; *brąnd* brand; *ęnd* ende; *fęndą* finden; *grę̜nt* verächtlich für kopf < *grint-; gsǫnd* gesund; *gswęnd* geschwind; *hęnd* hand, der umlaut des *a* ist aus den obliquen casus in den nom. gedrungen; *hęndą* hinten; *hǫnd* hund; *hǫndą* < *hie unden; lęndę* linde; *lęnd* < *linde* weich; *ląnd* 1) land 2) gartenbeet; *mąntĮ* mantel; *hąntig* < *huntic*, ausserordentlich; *pfǫnd* pfund; *rąnd* rand; *ręnd* rind; *ręntifįc* rindvieh, schimpfwort, sonst heisst es *fi* < *vihe; rǫnd* rund; *sęnd* sünde; *šąnd* schande; *šęndĮ* schindel; *šrǫnd* schrunde, riss, gesprungene haut an den händen; *šdǫnd* stunde; *wǫndą* wenden und winden; *wǫntr* winter; *tsǫndą* zünden. Ferner *n* vor *s, š*: *ǫns* uns, *ǫnsr* unser; *dǫnšd* dunst; *khǫnšd* kunststück, natürlich bei *dǫnšd* < *dienest*, weil *n* erst später mit *s* zusammentrat. — Vgl. zum *n*-schwund: Perath. s. 8 f.

β) Vokalisirung des *n* unter entwicklung eines diphthongs.

Das hier in betracht kommende, von Staub gefundene schweizerisch-alem. lautgesetz (Fr. VII a. a. o.), wonach der vokal vor *n* + spirans mit dem vokalisirten *n* einen diphthong ergibt, gilt auch, wenigstens zum teil, auf schwäb. boden. Die westschwäb. mdaa. kennen diese erscheinung in grösserem umfang als M. (Kff. s. 15), welches nur folgende fälle aufzuweisen hat:

tsąęs zins < *census*; *fųęšdr* < *vinster*; *ląęs* linse < *linse*; *ląęs* leise < schon mhd. *linse* neben *lise*; *dąęšdig* dienstag < *dienstac*; *ąętsąęsla* hereinlocken, umgarnen, zu schweiz. *zänslen*; *wąęšą* < *wünschen*; *fųęf* < *vünf*; mit aufgabe der nasalirung: *raesę* < *rąęsę*, welches in Horb vorliegt, < *rünse* (s. s. 42); Au.: *ais* < *ąęs < *üns*, dem umgelauteten *uns*; *uns* wird im westschw. zu *ąęs* (Kff. § 29). Münsingen hat *ǫns* (B. Al. Spr. s. 70).

Im schwäb. ist das Staub'sche gesetz nicht auf die spiranten in der stellung nach *n* beschränkt, auch verschlusslaute bezw. affrikaten haben dieselbe wirkung. M. *mąǫkəlęsbrųę*, scherzhaft zur bezeichnung einer unbestimmten farbe, hätte eine grundlage *munkelesbrūn, die auch für das schweiz. *munkelibrū* (Kff. § 29) anzunehmen ist. *grąǫtsą* knarren, von türen < mhd. *grunzen*; *mąǫtsą* weinerliche töne von sich geben, jammern, wäre nach analogie mit dem vorigen abzuleiten aus *muntsen, das durch *n*-einschub, bezw. unorg. nasalierung, aus *muts*, dem kosenamen der katze, entstanden wäre.

§ 15. c) VOKALISIRUNG DER GUTTURALSPIRANS.

Dieselbe betrifft in M. vorzugsweise pronomina und adverbia, während z. b. vorarlberg. mdaa. (Perath. s. 11) ausgedehnten abfall von *ch* im auslaut von substantiven kennen: *bá* bach, M. *baχχ*; *dá* — M. *daχχ* dach; *gmá* — M. *gmáχ* gemach, langsam, hier ausnahmsweise längung in M. Also M. spricht: *i* < *ich*, *mi* < *mich*, *di* < *dich*; *si < *sich* fehlt, ist aber in der unbetonten form *sę* vorhanden; *nó* < *noch*, dagegen *doχχ* < *doch*. Von subst.: *khólęffḷ* < kochleffel.

II. NASALIRUNG.

Als eine qualitative erscheinung, welche sämtliche vokale in gleicher weise betrifft, behandeln wir die nasalirung getrennt von der betrachtung der qualitativen veränderungen der einzelnen mhd. vokale bei ihrer entwicklung zu denen der Mda.

§. 16. DAS REGELMÄSSIGE.

Wir erinnern hier an das s. 11 über den charakter der nasalirten vokale, und s. 13 f. über deren erhöhung und senkung gesagte.

Die nasale *m, n, ŋ* nasaliren jeden vorhergehenden vokal desselben wortes. Nur ein paar beispiele: *nǫmmŗ* numer; *męnś* mensch; *mę̨nsęŋą* Münsingen; *fęŋŗ* finger. Alleinstehendes *n* wirkt als lenis zugleich längend und fällt mit apokopirtem mhd. schwachem *e* meist ab; im auslaut stehendes ohnedies:

brą̨ < *brún*; *lą́* < *lón* lohn; *bą́* < *bąne* bahn; *fą́* < *vane*, m. fahne; *grǫ́* < *krone*; *sǫ́* < *sun* sohn; *bǫ́* < *bóne* bohne; *šą̨* < *schóne* schon; *drǫ́* < *trón* thron; *khąnǫ́* (*ǫ́* betont) kanone; *khąmę́* (*ę́* bet.) < *kamín*. Das fremdwort *sédą́n* Sedan behält sein auslautendes *n*.

Die auf *n* ausgehenden partikeln bewahren kürze und *n*, wenn sie präpositionen, d. h. unbetont sind, wogegen sie längen und *n* abwerfen als präfixe und adverbien: *an: ąyą̨* angehen, *gôt ą́* geht an, *ąns haus* an das haus; *von: fǫ́gę̨ą* < **vongëben*, **vongën*, seinen hauptbesitz noch bei lebzeiten an die kinder abtreten, *dŗfǫ̈* davon, *fǫnn mēal* von mehl; *in, in: aęšaffą* einheimsen, *raę* herein, *ęnn wald* in den wald.

Auslautendes *n* wird merkwürdigerweise zu *r* in *dŭər* < *tuon* ich tue; *nęąmr* < *nieman*, aber *mą* < *man*, unbestimmtes subjekt.

Von den fällen, wo *n* vokalisirt wird, abgesehen, fällt der nasalconsonant in einigen wörtern aus: *frǫę̈tšafd* verwandtschaft < *vriuntschaft*; *fąętlę* < *rintlich* eifrig; *mę́tiǵ* < *mæntac* montag.

n nasalirt ein vorausgehendes *o (ò), è, e* selbst ü b e r *r* h i n w e g ; hier und im diphth. *èa* wird das nasalirte *ę̈* nicht erhöht zu *ę: hǫrn* horn; *khǫrn, tsòrn, lę̈rną* lernen < *lërnen :* *gę̈rn* < *gërn*; *hę̈rnŗ* hörner; *nę̈ąmma* < *nëmen* ; *dę̈ąnd* < *dę̈ąnd* < gschw. *dę̈ąnd* < *dię̈nd* < *tüent*, dem umgelauteten *tuont* tun, 1., 2., 3. plur.; *lę̈ąnd* < *lænt*, einem umgelauteten *lånt* lassen; ebenso *hę̈ąnd* 1., 2., 3. pl. haben, < *hę̈ąnd* < gschw. *hęnd*, umgel. < *hänt*; *węąnd* 1.. 2., 3. pl. wollen < *wellent* durch ausfall des *l*; k. hat *tsę̈ąntnŗ* < *zëntenære* centner, wo M. den vokal erhöht hat: *tsęntnŗ*.

§ 17. UNREGELMÄSSIGKEITEN.

Zu den ausnahmen gehört es, dass *m, n* einen ihm f o l g e n d e n vokal nasalirt; im ostschwäb. (Augsburg) scheint dies regel zu sein, nach Birlingers worten (Augsb. s. 15): „Allgemein ist der nasenlaut, den *n* vor oder nach ihm bewirkt." Diese erscheinung erklärt Rapp (bei Fr. II, 109) durch „überleitung des nasonklanges von einem anlautenden nasallaut auf den folgenden vokal." In M. sind es folgende fälle: *mįg* < *mac* = ich liebe, dem engl. *to love* und *to like* entsprechend; *nąs* < *nase* nase; diese beiden sind allgemein schwäb., auch gschw.; *mįg* wird in manchen, namentlich oberschw. mdaa., mit folgendem vokal durch *n* verbunden: *mąnę* mag ich. Dazu kommt in Stuttgart noch *mę̈* < *mê* mehr, und *nę̈t*, betontes *net* nicht < *niht*, wo M. *mae* und *et* (< *iht*) hat; L. *nęks* — M. *niks* < *nihtes*.

Hieran schliessen wir die u n o r g a n i s c h e nasalirung, deren grund nicht in irgend welcher nachbarschaft von nasal-

consonanten zu suchen ist. Hand in hand damit geht die **auf-
gabe der nasalirung** in verschiedenen fällen. *laęs* leise,
ungesalzen < mhd. *lise, linse* wurde schon s. 39 genannt,
tsaęslę dem. von mhd. *zise* zeisig; in *haęt* heute < *hinte* mag
hinaht vorgeschwebt haben; *dręasa* beim atmen unwillkürlich
nasengeräusche machen, < mhd. *drasen* über *drêasa (vgl.
s. 70 oben); neben dem aus mhd. *gewësen* unter abfall der letzten
silbe lautgesetzlich entwickelten *gwêa* steht ein gleich häufig
gebrauchtes nasal. *gręą*; ganz ebenso neben *gšêa* < *gesëhen*,
ein *gsęą*; *geschëhen* — *gšêa* — *gšęą* ist dieselbe entwicklungs-
reihe. Wie § 2, II zeigt, kann *ęą* sowohl ein nasalirtes *ia* als
nasal. *êa* sein; wird nun die nasalirung eines *ęą* aufgehoben, so
greift die Mda. nicht immer zu dem diphth., aus welchem *ęą*
entstanden war; die stufenreihe *ia* — *ią* (oder *ęą*) — *êa*
scheint überhaupt lebendig vorzuschweben, da für eine stufe
oft die benachbarte eintritt. So haben wir: mhd. *schiec*
schief, erscheint in M. als abgeleitetes verb. *šęaką* die stiefel
krumm treten, überhaupt einen hässlichen gang haben. woneben
das unnasal. *šêaką* gleich häufig vorkommt. Mhd. *grüen* ent-
wickelt ganz rechtmässig über *grîan ein *gręą* und dieses
ein *grêa*; ganz ebenso *kien* — *khęą* — *khêa* in *khęąrûas,
khêarûas* kienruss. *gêa* geben kann ebensogut als abkürzung
von *gêabą < *gëben* betrachtet werden (wie *sá* < *ságą, drá*
< *drágą, šlá* < *šlágą, gwêa* < *gwêasą*) als aus *gęą,* dem
regelrecht entwickelten mhd. *gën* abgeleitet werden, das auch
vorkommt. *dën* = den, erscheint **nur unnasalirt**: *dêa,* gschw.
dęąn; *hêalę* hühnchen weist über *hęąlę* auf *hüenlin* zurück.
Ganz wie *dën* — *dêa* auch *wën* — *wêa* gschw. *węąn.* So ist
auch das *êə* (aus *êa* vor *r*) in *dêər* 1. sg. conj. praes. v. *tuon*
als schlussglied einer reihe *(t)uo* — *(t)üe* — *(t)ie* — *(d)îę*
oder *(d)ęą* — *(d)êa* zu betrachten; an letztere form trat
dann nach analogie mit dem ind. ein unorg. *r*: *dûər* — *dêər.*

Entnasalirt erscheint auch der taufname Konrad *Kuon-
rât* als *khôət,* dem ein *khóąt < *kuont zu grunde zu liegen
scheint. Weitz. s. 50.

Unorg. nasalirt ist auch *baldǫ́* paletot. Umgekehrt hat
M. die nasalirung folgender aus dem französischen übernom-
menen lehnwörter, deren beibehaltung der Mda. doch gar

keine schwierigkeit gemacht hätte, komischerweise abgestreift: *alló* < frz. *allons*, das mit *dutswit* < *tout de suite* verbunden zu sein pflegt. (Weitz. s. 99); *bombóle* dem. von frz. *bonbon*, (daneben das deutsche wort M. *gŭatsle*, Au. *gŭatəle*); *mórebó* kgl. lustschloss Monrepos bei Ludwigsburg.

Eine eigene entwicklung hat der gutturalnasal *ŋ*, allein oder mit *k* verbunden, genommen, wenn er in den silbenanlaut zu stehen kam. In diesem fall wird er zu *gn, kn*. Dies geschieht, wenn die nebentonige silbe *ing* auf vokal oder liq. folgte. So spricht M.: *hòegną* für Hayingen, *aogną* für Auingen, *égną* für Ehingen; der Stuttgarter für (Ober, Unter) Türkheim: -*dĭrknų*, das *n* hier müsste als ungerechtfertigter einschub betrachtet werden, wenn es sich nicht auf obige weise aus dem alten urkundlichen Durinc-heim (Stäl. I. 274) erklären liesse. Die entwicklung mag folgende gewesen sein: aus *Auingen* etwa hätte sich durch schwund des *i* (ob synkope oder verschmelzung mit dem vorausgehenden diphth., lassen wir dahingestellt) *aoŋą* ergeben, eine form, welche in Auingen selbst gilt; aus *ŋą* wäre nun *gŋą* und daraus *gną* geworden: *aogną*. (Vgl. das bair. *gŋ* für *gn* als umgekehrte entwicklung). Ebenso die 3 andern wörter. Bei Weitz. s. 174: „Hoigner".

Merkwürdig ist, dass ursprüngliches *gn* in M. den umgekehrten weg macht, zu *ŋ*, in *wěŋr* < *wagener* wagner; *aŋəs* < Agnes; *mraiaŋəs* Marie Agnes. M. *rêgną* regnen lautet in Au.: *rąną*.

Nasalirung findet nicht statt bei zusammentritt von vokalischem wortauslaut und *n*-anlaut, sowie bei hiatustilgendem *n*. Z. b. *dêa nŭgļ* diesen nagel. *mae nussą* mehr nüsse, *khai naus* wirf hinaus (von *gehien*).

Hiatus wird nur getilgt, wenn der vokal vor demselben höher betont ist, als der hinter demselben. Also: *bai ęm* bei ihm, gegen *bainəm* bei ihm; *tsŭa ǫns* zu uns, gegen *tsuanęs* zu uns; *wîa îər* wie ihr, gegen *wîaŋr* wie ihr (wie hier conjunktion); *mô êər* wo er, gegen *môŋr* wo er (wo conj.); *khai ęn* wirf ihn, gegen *khainą* oder auch *khəią* wirf ihn.

III. QUALITATIVES VERHALTEN ZUM MHD.

A. Haupttonsilben.

§ 18. UMLAUT.

In sachen des umlauts stehen M. und das gschw. in diametralem gegensatz zu einander.

Die in M. und den übrigen schwäb. mdaa. in grossem umfange beliebte nichtumlautung des u (die beispiele s. bei u § 30.) kennt das gschw. nicht; es spricht: *brik* — M. *bruk* brücke, *šdik* — M. *šdukʼ* stück; *tsrik* — M. *tsruk* zurück usw. Ebenso meidet M. den umlaut bei verben, welche von substantiven auf $o̜m$ abgeleitet sind: *dro̜m* — *dro̜mą* träumen, zu mhd. *troum*; *fr̥ro̜mą* gegenstände aus ihrer gewöhnlichen gegenseitigen stellung bringen, so dass unordnung entsteht, zu *rümen*; *šo̜mą* schäumen, zu *šo̜m* < *schoum*; *fr̥so̜mą* < versäumen versäumen; gegenüber dem gschw. *drącmą, fr̥rącmą, šącmą, fr̥sącmą*.

Den alem. brauch, a nicht umzulauten, teilt auch das gschw. In beiden idiomen ist der grund jedoch wahrscheinlich ein verschiedener. Während die genannte eigentümlichkeit im alem. durchaus volkstümlich ist, tritt sie im gschw. in einen gefühlten gegensatz zur sprache des volkes; auszunehmen wären etwa einige mdaa. Niederschwabens, des Remstals, in denen das unumgelautete a ebenfalls volkstümlich ist. Das übrige schwäb., besonders M. mit dem oberschwäb., lautet aber das a in einem umfange um, der weit über den der nhd. schriftsprache hinausgeht. So hat M.: *èšš* asche, *dèšš* neben *dašš* tasche, *flašš* flasche neben *betflèšš* wärmflasche, *wèššą* waschen, *ęd* 8, *gètr̥* gitter < *gater*; *êtig* < *artic*, zahm, botmässig; *laią̊sêgrę* = leichensagerin, leichenbitterin; *gretsą* kratzen, einen *grets*, schramme beibringen, daneben *gratsą* kratzen, wenn es juckt; *gnellą* knallen; *glepfą* klatschen, zu mhd. *klapf*; *glepf mr̥ ao* == gib mir einen handschlag; *tsę̊mą* < *zesamene* zusammen; *èrbądlę* dem. von *arbąd* arbeit. — Daneben viele flexivische a-umlaute, teils solche, die dem eindringen von regelrechtem altem umlaut der cas. obl. oder des plur. in den nom. sg. ihr dasein verdanken, wie *hęnd* hand, *hȩ́t* hart, *epfl* apfel; teils solche, welche die sprache willkürlich (soweit hier von willkür gesprochen werden darf) eingeführt hat, um sonst gleiche formen zu unterscheiden. So z. b. *dég* pl. v. *dág,* tage, *črm* pl. v. *arm,* arme, *hélm — halm* halme. *wéga wága* wagen *(currus); haifa — haufa* haufen; *sėf* neben *sóf — sǫf* schafe. Dass hier der jüngere umlaut (§ 32) è, ê eintrat, deutet vielleicht darauf hin, dass umlaut erst erfordert wurde, nachdem beide numeri durch apokope des plural -e des mhd. *tage* usw. gleich geworden waren.

Dazu kommen noch umlaute in 2. 3. *sg.* prs. von verben nach analogie des regelmässigen mhd. *verst, vert,* mda. *fèrśd, fért.* So haben umlaut: *śbèrt* spart, < ahd. *sparôm; jégd* jagt < ahd. *jagôn; tsélt* (zählt < *zelit*) zahlt < ahd. *zalôn.* (Weitz. s. 63). Dagegen ohne umlaut: *saufd* säuft, sowie bei den im got. noch reduplicirenden verben mit ausnahme von *halten — helt, spalten — spelt : faŋt, haŋad, lót* lässt, *blósd* bläst, *ślófd* schläft, *śdaosd* stösst, *luofd* läuft, *brótad* brät, *rótad* rät, *grótad* gedeiht, gerät, *haot* haut.

Diesen zahlreichen umgelauteten formen setzt das gschw. fast ebensoviele ohne umlaut gegenüber, also z. b. gschw. *drakd* trägt, *ślakd* schlägt, *haltad* hält, *fárt* führt, *jágd* jagt, *falt* füllt, *tsált* zahlt, *aśś* asche, *dág* tage, *arm* arme, *wága* pl. wagen, *grága* kragen pl. usw.

Wir möchten nun unsere vermutung dahin aussprechen, dass das gschw. in seinem bestreben, die unorgan. umlaute der mundart aufzuheben, zu weit ging; hand in hand damit mag auch der systemzwang gewirkt haben. Die einwirkung des schriftdeutschen, mit dem die gschw. sprechenden kreise doch eher in berührung standen und stehen, mag die bewegung hervorgerufen haben, die dann über ihr ziel hinausschoss.

§ 19. BETONUNG DER NAMEN.

Als zweiten einleitenden § in diesem abschnitt sei es uns gestattet, eine kurze betrachtung über die betonungsverhältnisse der Mda. anzustellen.

Nur die taufnamen nehmen in der betonung eine vom

üblichen abweichende stellung ein. Die betonung der ersten silbe, wie sie für das oberdeutsche angenommen wird, ist nicht durchgängig. M. hat zwar: *khatrę̄*, *khèțr* Katharine, auch *khèțrąę* durchaus auf der ersten silbe betont; *régę́* Regine, ebenso; *fèrtnąnd*, abgekürzt *fèrtę* Ferdinand; *dórlę* dem. von Dorothea; k. hat: *grégórę* Gregorius, *thíbérę* Tiberius, *grísošdę* Chrysostomus, *khásę* Kasimir, sämtlich auf der ersten silbe betont; aber in M. steht neben *marrí* die form *mrai* in *ąnnąmrai* Anna Marie, *éfəmrai* Eva Marie, *mraiąŋəs* Marie Agnes, deren diphth. *ai* auf frühere betonung des *i* in *María* hinweist, während *marrí* mit *ufəmèrgą* betglockläuten, < *are Maria*, auf ebensofrühe betonung der ersten silbe deutet. Vielleicht wurde nur in jenen doppelnamen das *i* von *María* betont; in der tat kommt ein einfaches *mrai* nicht vor. — Ebenso die 2 formen *grišdę́* und *šdąę* Christine, sowie *frídṛikę* und *riką* Friedrike; *grišdof* und *šdoffļ*, *šdefflę* Christoph; *wilhèlm* und *hèlm* Wilhelm; *lísąbét* und *bétlę* Elisabeth; *géorg* und *iery* Georg. Die namen Friedrike, Christoph, Wilhelm, Elisabeth konnten dem sprachgefühl der Mda. als composita erscheinen, deren scheinbarer zweiter teil allein und als kosename verwendet wurde. Nicht zulässig ist diese erklärung bei Georg: hier muss entschieden doppelte betonung angenommen werden. Ebenso ist für *margrét*, *margəd* neben *grétlę* gefühlte zusammensetzung anzunehmen. Nicolaus hat sich entwickelt, einerseits zu **nikļ* in *tsǫrnikļ* jähzorniges kind, andrerseits zu **glôs* in *sąntęglôs* (St. Nikolaus), ein schreckgespenst der kinder in der zeit vor weihnachten. Da beides sehr volkstümliche wörter sind, so ist auch hier doppelte betonung anzunehmen. Timotheus ergab *módę*, *módefrits* = Timotheus' Fritz. In k. wurde aus Joseph — *seff*, aus Josephine — *seffę*. In mehreren der angeführten fälle wird wohl die annahme einer betonung der zweiten oder dritten silbe des wortes nicht abzuweisen sein.

Wir gehen nunmehr zur behandlung der entwicklung mhd. betonter vokale in der Mda. über.

M. hat ein sehr klares und einfaches vokalsystem; manche vokale haben sich aus grundlagen entwickelt, welche im mhd.

verschieden waren, im germanischen aber eine einheit bildeten. In diesen fällen wählen wir, der übersichtlichkeit der darstellung zulieb, das got.-germ. als ausgangspunkt.

I. Alte längen und diphthonge.

§ 20. AHD. MHD. Â.

Wie es Kff. s. 4. wahrscheinlich gemacht hat, ging das mhd. *â* auf dem ganzen schwäb. gebiet zunächst über in *ao*. Dieser diphthong gilt heute noch für mhd. *â* im ostschwäb. In einigen viel gebrauchten Wörtern scheint er sich noch lange in ganz Schwaben gehalten zu haben; das zeigt das noch heute in aller munde gehende schibboleth *gaǫ*, *šdaǫ*, *blaiba laǫ*. Vgl. Fr. I. 42.

Die genannten 3 wörter kennt auch M.; überhaupt hat sich hier das altschwäb. *ao* erhalten, wenn es vor auslautendem *n* stand, das jetzt auch abgefallen sein kann. Also: *gân — gaǫ* gehen, *stân — šdaǫ* stehen, *lân — laǫ* lassen, *gelân — glaǫ* gelassen, *hân — haǫ* haben, *âne (ân) — aǫ* in *aǫ wê∂ra* los werden einer sache, *getân — daǫ* getan. Für *hân*, *rân* hat M. *haηa*, *faηa*. k. hat zu den fällen von M. noch einige weitere: *hânt — haǫd* 1. 2. 3. pl. haben *gânt — gaǫd* 1. 2. 3. pl. gehen, *stânt - šdaǫd* 1. 2. 3. pl. stehen; *lânt — laǫd* 1. 2. 3. pl. lassen, welche in M. durch *hęand, gaηad, šdandad, lęand* vertreten sind. (Weitz. s. 155 ff); k. hat noch ein altes *ao* vereinzelt vor *m* in „rettichsauma" (Weitz. s. 65). < *sâme*; das ebenfalls hieher gehörende *gsaǫm* = gesäme, dreschabfälle, ist dem verfasser aus Magolsheim bekannt; M. *gsę̂m*.

ao entwickelt sich in M. in allen übrigen fällen durch contraktion zu *ô*, welches vor nasalen nach § 2, II, als *ǫ́* erscheint.

Also z. b. die übrigen mhd. *ân* (+ vokal): *grüenspân — Mda. grę́ašbǫ́* grünspan ; *âne — ǫ́nę* ohne; *mânôt — mǫ́nad* monat. Im gschw. werden alle mhd. *ân* zu *ǫ́*, soweit sie vorkommen, obige drei wie M., dazu *dǫ́ < getân*.

Mhd. *rân* erscheint in M. weder als *raǫ* noch als *rǫ́*,

sondern als *rŭ*. fleischlos, schlank, schmalbrüstig; es ist daher vielleicht *ran* fürs mhd. anzusetzen. — *firmǫ́nŭ* etwas durch zerstreutheit versäumen (Schm. s. v.) hat dieselbe bedeutung wie mhd. *vermanen*, aus dem es wegen der kürze des mhd. *a* nicht herkommen kann: *â* wäre die richtige grundlage. Oder darf die otfridsche form *firmonên* statt sonstigem ahd. *firmanên* (Braune § 25, Anm. 1) herbeigezogen werden?

âm: *krâm* — *grǫ́m* handelsgeschäft; *jâmer* — *jǫ́my* jammer; *sâme* — *sǫ́m* same; *âmeiʒe* — *ǫ́môes* ameise; *lâmel* — *lǫmml̥* messerklinge, *ǫ́* erscheint hier gekürzt, weil *m* als fortis wirkte, (vgl. s. 31); *râm* — *rǫ́* rahm.

Aus der menge der sonstigen fälle greifen wir nur etwa folgende heraus: *brâche* — *brô̜χ* brach, adj., *brô̜ćky̜* flurn. Brachäcker; *âder* — *ôdr̥* ader; *blâtere* — *blôtr̥* blase; *mâse* — *môs* fehlerhafter fleck; *strâʒe* — *śdrôs* strasse, *śdrôsbùrg* Strassburg; *khô̜labrôtr̥* = kohlenbrater, volksetymol. aus *collaborator* entstellt; *sât* — *sôt* saat, *strâl* — *śdrôl*, in dem fluche *khots śdrôl* = gottes strahl; *ôlǫ* Aalen am Kocher; alt *Aquileja* (Stäl. 1. 103); *śdâ̜ṙ* staar < mhd. *stare*, hier wurde wohl das mhd. *a* zuerst gelängt und machte dann noch die entwicklung zu *ô* mit; *salât* mhd. — *salôt* salat; *blâ* — *blô* blau, *grâ* — *grô* grau, *grôe̜* flurname; *lâ* — *lô* lau; mhd. wörter auf *âwe* entwickeln *ao*: *pfâwe* — *pfao* pfau; *klâwe* — *glao* klaue; ob hier das altschwäb. *ao* < *â* erhalten ist, oder *o* sich aus *w* vokalisirt hat, lässt sich nicht entscheiden. Anders zwei wörter, welche der Mda. ohne zweifel schon lange vor der zeit angehörten, wo sie anfing, die *ao* aus altem *â* zu *ô* weiterzuentwickeln: Paul und Nicolaus. Ersterer name, der wohl *phaol* gesprochen wurde, wie noch heute im gschw. und beim schriftdeutschsprechen, machte mit den übrigen altschwäb. *ao* die entwicklung mit zu *phôl*, einer form, die nur familiär für den taufnamen Paul gilt, wogegen der apostel infolge der steten berührung mit der kirchlichen quelle des wortes, *phaolus* heisst. — Ebenso wurde Nicolaus über *klaos zu *glôs in *sąnteglôs*, der einzigen gestalt, in der sich Nicolaus in dem evangelischen Münsingen erhalten hat. Dieser heilige hat sich mit der reformation so vollständig aus dem gottesdienst, wie aus dem bewusstsein des volkes zurückgezogen, dass er auf unserem ganzen gebiet dem verfasser noch nie als taufname begegnet ist und einzig und allein noch in jener schreckgestalt des *sąntęglôs* weiterlebt, die übrigens sehr populär ist; in katholischen gegenden hat sie einen freundlicheren charakter; k. Santiklos (Weitz. s. 117).

Fälle, in welchen *â* erhalten bleibt, sind meist fremdwörter oder deuten auf schriftdeutschen einfluss: *glár* woneben auch *glôr* vorkommt < *klár* klar; *iąnuąrár* januar, *fébruoár* februar; für *á* in *soldát* < mlat. *soldátus* spricht die späte entlehnung des wortes aus den romanischen sprachen (Kluge s. v. sold); *gnád* < *genáde* gnade; mhd. *-bár* wird mda. *-bár*, z. b. *offąbár* offenbar usw.

Der umlaut von ahd. mhd. *â* erscheint in der Mda. als *ê*, lautet also mit dem mhd. *æ* gleich. Beispiele: *mêərlę* Märchen, < mhd. *mære; rêtię* < *rædix* rettich; *śdêt* langsam, bedächtig, adv. < *stæte; gê* < *gæhe*, steil, plötzlich eintretend, in *gêhǫŋr* gähhunger, dazu *gêgą* neigen; *firném* vornehm, vorzüglich, < *vürnæme; śdrêslę* dem. von *śdrôs* strasse; *hêərlę* härchen, zu *hár* —*hôər*.

§ 21. AHD. MHD. Î.

Diese alte länge wird zum schwäb. *ai*.

Beispiele aus M: *bail, uf-*, auf borg, zu mhd. *bîte; uf bail śwêtsą* in der unterredung das der angeredeten person zukommende personalpronomen vermeiden; *bail* < *bîhel* beil; *lait* < *lît* liegt, *gait* < *gît* gibt; *frtsaią* < *verzîhen* verzeihen; *saikhąnt* seihkanne, zu *sîhen; laięd* begräbnis, zu *lîch; grait* < *krîde* kreide; *naidig* < *nîdic* neidisch, geizig; *raity* grobes sieb; *fairą* < *vîren*, die arbeit ruhen lassen; *faigəlę* veilchen < *viol; śdaę* koseform für Christine; *węę* < *wîn* wein; *bapaiər* papier; *ślaifą* < *slîfen*, 1) intr. gleiten auf dem eis 2) trans. (messer) schleifen, 3) stibitzen, scherzhaft.

Länge ist erhalten in *khąmę́* < *kamîn*, trotz der betonung; *sit* < *sît* seit, *sityhêər* seither; *wid* weide < *wîde*, die kürze im selben wort in Schaffhausen (Stick s. 54) deutet in übereinstimmung mit unsrer form vielleicht auf eine mhd. nebenform *wide*.

Anmerkung. *Nifen*, Neuffen, ruine und stadt nördl. von Münsingen, lautet in Neuffen selbst *nifᵅ*, in M. *nᵅifᵅ*.

§ 22. AHD. MHD. *û*

Ahd. mhd. *û* wird zum schwäb. *au*; dessen umlaut ist *ai*. Beispiele aus M: *khᵃutᵧ* < *kûte*, tauber; *brᵃut* < *brût* braut; *braidigᵅm* < *briutegame* bräutigam; *sᵃu* < *sû* schwein; *saubᵧ* < *sûber* rein, hübsch; *sᵃul* < *sûl* säule; *sᵃur* < *sûr* sauer; *draurᵅ* < *trûren*, in trauer sein; *auf* < *ûf* auf, betont; ebenso *aus* < *ûz* aus; *faul* < *vûl* unfleissig, *faulig* faul von früchten; *tsᵅQ* < *zûn* zaun; *rau* < *rûhe* rauh; *auriç* ortsname Urach, danach als *ûrach* = auerochsenbezirk aufzufassen. Die schwäbischen familiennamen *haug* = *Haug*, *sautᵧ* = *Sauter* gehen hienach zurück auf die formen *hûg*, *sûter*, welche so auch auf alem. boden vorkommen.

Umlaute: *haisᵧ* häuser < *hinser*; *lais* läuse < *liuse*; *graits* kreuz < *kriuze*; *saiftsgᵅ* seufzen < *siufzen*; *šnaitsᵅ* < *sniuzen* schneuzen; *hailᵅ* weinen < *hiulen*; *laitᵅ* < *liuten* läuten; *ail* < *iule* eule, *ailᵅbûaχ* flurn. Eulenbuch.

Über *ûm* — Mda. *ǫm* s. s. 52.

Ausnahmen: Altes *û* bleibt in *dû* du, welches jedoch *dautsᵅ* duzen neben sich hat; westschwäb. *dau* du. Diphthongiert hat das westschwäb. auch in *nûn* < *niwan* nur: *naᵅ*, wo M. *nǫ́* hat. Mit ganz Schwaben hat M. die nichtdiphthongierung des *û* in *briᵅd* conj. praet. von *brauχᵅ* brauchen, gemein; dem die form *brûchte* zu grunde liegt. Bei Sailer s. 25 brucht.

§ 23. GERM. *AU*.

Der germ. diphth. *au*, welcher sich im ahd. mhd. in *ô* und *ou* gespalten hat, erscheint in M. wieder vereinigt als *ao*. Sein umlaut ist *ae*. Nur vor nasalen erscheint germ. *au* in M. als *ǫ*. Dessen umlaut ist *ę*.

Beispiele: *raot* rot < *rôt*; *roetļ* rötel, roter stein zum färben; *aor* < *ôre* ohr; *aog* < *ouge* auge; *aošdᵧdᵅg* < *ôstertag* osterfest; *daod* tot und tod, < *tôt* und *tôd*-; *glaobᵅ* <

gelouben glauben; *raeby* < *röubare* räuber; *luofa* < *loufen* (laufen) gehen; *haopd* < *houbet* (haupt) kohlkopf; *juo* bejahende antwort auf verneinende frage, < *jô* (*jâ* wird zu *jô* = 1) ablehnung einer zumutung 2) verwunderung; verkürzt *jö* = bejahende antwort); *-lao* < *lôch* nur noch erstarrt in orts- und flurnamen: *brémalao* Bremelau; *öegalao* Aichelau (eicheuloh); *khę,k*lao* flurn.; — *naol* < *nôt* not; *ônartig* unnötig; *frao* < *frô* froh, und < *frouwe* frau; *sdraö* < *strô* stroh; *sdraeą* < *ströuu*n* streuen; *flaegą* < *rlöngen* (fliegen machen) kleider, tücher usw. unordentlich, nachlässig hinwerfen; *gaetsla* im wasser spielend plätschern und dasselbe dabei verschütten, aus dem praet. von *gießen:* *-góz* abzuleiten; das in M. auftauchende *ts* ist nach Br. § 158 zu beurteilen. *braegą* schreien, heulen, von kindern, zu *briohan* krümmen und *brieke* flenngesicht; ebenso verhält sich *šaerą* aufstöbern, wegjagen, zu *schiuhen*. Auf ein verb. der *u*-klasse geht nach analogie der genannten wohl auch *laerą* zurück, welches wegjagen bedeutet; an got. *laikan* springen, ist wegen des vokals nicht zu denken, *laikan* liesse *löeçą* erwarten. Vielmehr ist die ableitung als factitiv von *lûchen* schlüpfen, sich ducken, formell und der bedeutung nach sehr wahrscheinlich; vgl. die stellen bei Weitz s. 11, 115. — *baes* < *base* böse, krank von körperteilen; *blael* fadenscheinig, < *blæde*, auch = schüchtern, verschämt; *aed* < *oede*, unpers., magenschwach, übel; *hornšraetəlr* hornschröter, hirschkäfer, zu mhd. *schrötel*; *graos* < *grôz* gross.

Ausnahmen.

Das part. praet. von *luofa* laufen, heisst *gloffa* wahrscheinlich eine analogiewirkung. — *bósga* verüben, zu ahd. *bôso*, neben *baes* böse; *khorsam* < *gehôrsam* gehorsam, ist vielleicht entlehnung. daneben *khaerą* 1) gehören, 2) hören als sinn, *haerą* etwas einzelnes hören; volkstümlich ist jedoch sicher das adv. *khéric* sehr, rechtmässig, tüchtig < *gehoeric* das auch Horb kennt (Kff. s. 22). *lót* < *lôt* gewicht und lötmetall, *léta* löten; *lôs* < *lôz* loos, vielleicht im gegensatz zu *laos* frei, los, *laosa* lösen, < *lôs, loesen;* mhd. *dôsen* tosen behält den monophthong ebenfalls in *dósaoric* schwerhörig,

eigentl. tos ohrig, der doppelte diphth. hätte vielleicht gestört.
— *rós* < mhd. *rôst*, rost, neben regelmässigem *raesą* rösten; *drósd* trost < *trôst* kann auf kirchlicher einwirkung beruhen. *só* < *sô* so, ist leicht erklärlich als partikel, die oft schwach betont war; *ąmbós* < *anebôȝ* amboss. *rór* neben seltenerem *raor* < *rór*; mhd. *œre* — *ér* öhr; *rôse* — *rós*, dazu *pfaffąraeslę* eine frühlingsblume; *kœl* — *khél* kohl. Am meisten befremdet die ausnahmestellung von *brót* < *brôt*, veraltet noch *braot* in der wetterregel zum 1. sept.: *ègidę gûat, baur sits uf dąęn pflûag. ąnd iss dąę šdiklę braot, s sêą dûat nó et naot*; d. h. Ägidi gut, bauer sitze auf deinen pflug und iss dein stücklein brot, das säen tut noch nicht not. Vgl. B. Al. Sp. s. 87. — Die alte form ist noch erhalten in *degąbrœetlą* = eigenbröteln, eine eigene kleine haushaltung führen. Diese beiden fälle sprechen für das frühere bestehen der diphth. form, an welche sich unrechtmässig *braosąm* brosame < *broseme* angelehnt hat. Dass in *trostel* — Mda. *drœosdl* drossel, *o* als lang anzusetzen ist, wird durch die ausnahmestellung dieses wortes in der mda. an der Retzat bekräftigt. (Fr. VII. 402).

Vor nusalen erscheint das alte *au* zu *ǫ* contrahirt, also mda. *ǫ* = mhd. *ou* vor *m*, *ô* vor *n*. Beispiele: *bǫm* < *boum* baum, jedoch daneben *bąǫl* flurn. Baumtal, das auf die form mit *n* zurückgeht: *boun*. — *drǫm* < *troum* traum: *tsǫm* < *zoum* zaum; *šǫm* < *schoum* schaum; mhd. *stroum* ergibt mda. *sdrǫm in *gsdrǫmǝd* gestreift, getigert (Kff. s. 29); Mda. *rǫ* rahm kann ebensogut von *roum* als von *râm* herkommen vgl. s. 47 f.

Dieser entwicklung haben sich die mhd. *û m* angeschlossen. Ihre zu erwartende mda. gestalt *ąm* oder *ąǫm* trat vermutlich in éine reihe mit dem mhd. *oum*, welches mda. ausgesprochen, ebenfalls *ąm*, *ąǫm* lautete, und wurde mit diesem zu *ǫ*. Schon mhd. wechselt ja vielfach *ou* und *û* innerhalb desselben wortes, vor *m*. So haben wir *dûme* — *dǫmm* daumen, die kürze des vokals wieder herbeigeführt durch den schwankenden charakter des *m* (s. s. 31); ebenso in *pflûme* — *pflǫmm* pflaume; *versûmen* — *frsǫmą* versäumen; *frrǫma* zu *rûmen*, in unordnung bringen. Eine ausnahme bildet *kûme* — *khąǫm* kaum, welches als aus der schriftsprache ein-

gedrungenes wort sich durch seinen diphth. und dadurch ausweist, dass es dem alten wort *bǭriǵ* kaum < *baric* erst den platz streitig zu machen im begriff ist.
Beispiele für mhd. *ō* mda. *ǭ*: *bōne* — *lǭ* bohne, *vrōnen* — *frǭnǫ* frohndienst leisten, scherzhaft: eine unbezahlte arbeit verrichten; *corōna* — *grǭ* krone; *trōn* — *drǭ* thron; *khǫnǭ* kanone; die 3 letztgenannten wörter sind durch ihre herkunft verdächtig, ihr *ǭ* mitgebracht zu haben, was jedoch durch das gesetz der Mda. erleichtert wurde. *lōn* — *lǭ* lohn. daneben klingt *lǫǫ* schon etwas altertümlich. *schōnen* — *šǭnǫ* schonen, und *schane* — *šǭ* schön, stehen *schōne* — *šǫǫ* = schon gegenüber.

§ 24. GERM. *ai* — AHD. MHD. *Ê*.

Hier beobachten wir eine analoge entwicklungsreihe wie beim ahd. mhd. *â*, welches zum altschwäb. *ao* wurde und von hier aus sich an einzelnen punkten des schwäbischen sprachgebiets zu *ô* weiterbildete. Ähnlich bei *ê*; dieses wird allgemein altschwäb. zu *ae*, wie z. b. das Stuttgarter schwäbisch vom j. 1618 zeigt (Herm. Fischer in B. Al XI. 49): *Airwirdiga* mhd. *êrwirdige*, *Haira* mhd. *hêrren*, *Gotssail* mhd. *gotes sêle*, *Turmaiter* trompeter, *laira* mhd. *lêren*, *Paiter* Peter. Dies sind zumeist wörter, welche heute in Stuttgart nicht nur, sondern überhaupt im evangelischen Schwaben für *ae ê* aufweisen. Aus Oberschwaben ist für diese frühe stufe in der entwicklung des mhd. *ê* ebenfalls eine quelle bekannt, und zwar aus derselben zeit: die oberschwäb. Lieder vom j. 1633. (Fr. IV. 86 99). Denn was Weinhold (Al. Gr. s. 79) hier für *æ* < mhd. *ê* hält, ist sicherlich unser dipht. *ae*, der im Stuttg. schwäb. von 1618, und in schwäb. dialektschriften noch heute durch *ai* eine nicht ganz zutreffende bezeichnung findet, weil man gewohnt ist in *ae* einen *a*-umlaut zu sehen. Dass das *ae* der ob. Ld. wirklich diphth. ist, geht aus folgendem hervor: 1) ganz analog ist dort mhd. *ô* (M. *ao*, § 23) durch *ao* wiedergegeben, was dem laut (wie *ae* dem mda. *ae*) genauer entspricht als das sonst übliche *au* (Weitz., Sailer usw.); z. b. *schaun*, *schaont* str. 7., *graossa* str. 56, *raot* str. 64, *Haohzig* str. 71. — Ebenso *ao* für mhd. *â* (entsprechend dem altschwäb.): *gaohn*, sogar *stahon* str. 20 < *stân*. 2) Für mhd. *ê* ehe, bevor, erscheint *ahe* str. 7. 1, 57. 3. Damit konnte doch unmöglich ein *ê* bezeichnet werden, sondern der noch heute mda. diphth. *ae* ehe. 3) Die heute noch so lautenden *g'saet* str. 28 und *traet* str. 42 passen mit diphth. besser in die reihe mhd. *ei* — M. *ae*, als wenn man ihr *ae* als *ê* fasst. 4) Der *a*-umlaut, bezw. unser *ä* ist durch *á* bezeichnet: z. b. *hátt*, *Hánsle* str. 8, *Gángle*, *állsg'mach* str. 9, *schwátza* str. 13, *tháts* str. 17, *wárle* str. 19. 5) Der umlaut von mhd. *ô* und *o* ist verschieden bezeichnet; ersterer erscheint als *ae*, letzterer als *ó* oder *ō*. Schon dieser gegensatz befürwortet die annahme in *ae* einen diphthong zu sehen. Ganz deutlich wird dies aber ersichtlich aus einer form wie *haóra* str. 17. 4, 23. 4, hören, neben *haera* str. 7 (dasselbe ohne lippenrundung); *aó* wäre eine sehr complicirte bezeichnung für den umlaut von *ô*, wie wäre *aó* als einfacher vokal etwa auszusprechen? Der umlaut des kurzen *o* ist *ó* odor *ö* z. b. in *mógat*, *mócht* str. 15; *schwóra* str. 21, *Knöpffla* str. 54.

Es ist somit kein zweifel, dass das *ae* der ob. Ld. diphthong ist und mit unserer ersten stufe der entwicklung des mhd. *ê* übereinstimmt.

In der weiterentwicklung dieses älteren allgemein schwäb. *ae* trat nun eine spaltung Schwabens ein: das katholische Oberschwaben bewahrte *ae* in allen fällen, das evangelische Schwaben bildete einen teil der *ae* weiter zu *ê*. Der stand in M. ist nun folgender:

ae: klê — *glae* klee; *lê* — *lae* nur noch als flurname; *sê* — *sae* see; *wê* — *wae* weh; *zêhe* — *tsae* zehe; *mê* — *mae* mehr; *êrste* — *aešd* der erste; *snê* — *šnae* schnee; *sléhe* — *šlae* schlehe; *ver-entlêhenen* — *fŗtlaenŗ* entlehnen. Die doppelformen *ê* — *ae* ehe, bevor, und *ê* — *ê* ehestand; *kêren* — *khaerŗ*, in zusammensetzungen wie *ŗm-*, *ŗçkhaerŗ* um-, einkehren, dagegen *bekhêərŗ* bekehren, leiten hinüber zu den wörtern mit *ê*: *lêərŗ* < *lêrare* lehrer; *sêl* < *sêle* seele; *êər* < *êre* ehre; *rê* < *rêch* reh; dazu das schriftdeutsche sehr < mhd. *sêre* im munde evangelischer Schwaben: *sêər*, das die katholiken *sér* sprechen. Beim schriftdeutschsprechen trennen sich wieder katholiken und protestanten in Schwaben; erstere

sprechen ihre sämtlichen mda. *ae* < mhd. *ê* als *é*; die
protestanten auch, belassen aber die mda. *ê* < mhd. *ê*, so
dass beispielsweise „lehrer" von einem katholischen Schwaben
lérɤ, von einem evangelischen *lêɔrɤ* gesprochen wird; und
zwar gibt diese verschiedene aussprache von hierhergehörigen
wörtern in Württemberg ein zuverlässiges unterscheidungsmerkmal von katholiken und protestanten ab, eine tatsache,
welche Weinh. a. a. o. anführt; auch Rapp (bei Fr. II, 107)
kennt und erklärt sie; vgl. darüber unten.

Anmerkung. Unser fall der identität einer sprachlichen mit einer confessionellen grenze steht nicht allein da:
Kauffmann spricht § 34 von der entwicklung des mhd. *iu*
zum kathol. *ɔi* und protest. *ui*. — Birl. Al. Sp. s. 183 führt
an, dass um Tübingen-Herrenberg die protestanten *dau*, die
katholiken *dô* sprechen. — Ähnliche confessionelle sprachgrenzen kennen auch Stick. s. 30, u. Wint. s. 216. — Einer
mündlichen mitteilung verdankt der verfasser die notiz, dass
im alem. Markgräflerland zwischen einem protest. frau und
einem kathol. frou unterschieden wird.

Die unglaublich klingende behauptung, dass jene sprachliche grenze zwischen *ae* und *ê* so genau mit der confessionellen zusammenfällt, dass es möglich ist, in Schwaben
einen kathol. landsmann an seiner aussprache von „lehrer",
„seele" usw. zu erkennen erklärt sich aus dem bewussten,
wiederholt ausgesprochenen und zäh festgehaltenen gegensatz
der sprache der katholiken Oberdeutschlands zu der der protestanten, ein gegensatz, der in der litteratur bis ins vorige
jahrhundert bestand. Dazu trat in unseren gegenden, gewiss
verschärfend, der politische gegensatz zwischen dem evangel.
herzogtum Wirtemberg und den kathol. vorderöstreichischen
gebieten in Oberschwaben. Ohne diesen scharfen doppelten
gegensatz wäre eine gegenseitige abschliessung auf sprachlichem gebiet nicht gut denkbar, die grenzen hätten sich
eher verwischen müssen und wären kaum in dieser auffallenden weise zusammengefallen. Vgl. „Oberdeutschland
und die Katholiken" in Friedrich Kluge, Von Luther bis
Lessing. Strassburg 1888. S. 127 ff. — Ferner B. Al. Sp. s. 22.

Das evangel. *ê* für einen teil der mhd. *ê* wird von Rapp (bei Fr. II, 107) dem einfluss sächsischer redner zur zeit der reformation zugeschrieben. Dass die wörter mit *ê* gerade der kirchlichen oder geistigen sphäre entstammen, sowie dass sich zwei mhd. wörter. *ê* und *kêren*, geradezu in ein geistliches und ein profanes gespalten haben (s. 54), spräche an sich sehr für jene auffassung, wenn nicht das Stuttgarter schwäbisch vom j. 1618 (Birl. Al. XI, 49), in dem ein solcher einfluss doch am ehesten wahrzunehmen sein sollte, gänzlich frei von ihm wäre und in den zufälligerweise belegten in rede stehenden wörtern die „katholische" form aufwiese, die nach unsrer ansicht damals noch allgemein schwäbisch war. Dem gegenüber möchten wir der vermutung raum geben, dass sich das mda. evangel. *ê* aus dem alten *ae* analog entwickelt hat wie *ô* aus *uo*; dass diese entwicklung anfangs nicht auf geistliche wörter und evangel. boden beschränkt war, sondern dass erst im lauf der zeit eine scheidung in der weise sich einstellte, dass die katholiken die wörter, welche sie schon in der angegebenen richtung entwickelt hatten, wieder aufgaben, weil sie von den evangelischen auch gebraucht wurden. Namentlich mussten sie dies tun bei wörtern aus kirchlicher umgebung, die nun in ihrer neuen form den evangelischen allein verblieben. Innerhalb des ev. gebietes selbst hat sich dann eine trennung so vollzogen, dass die wörter aus kirchlicher umgebung, weil bei ihnen die bewegung vielleicht ihren anstoss nahm, die neue form für sich allein annahmen, wogegen die profanen wörter mit dem breiten, volkstümlicher klingenden laut, dem diphth. *ae*, weiter leben mochten. Eines derselben, *rê* < mhd. *rêch* reh, hat sich in M. des neuen lautes bemächtigt.

Weiteres über *ae* — *ê* in M.

Die mehrzahl der fälle haben wir schon s. 54 besprochen. Es mag noch folgendes einzelne angeführt werden: *lê* mda. *lae* als selbständiger flurn. und in zusammensetzungen: *baitqlae, bǔabislaelę; sê — sae, saetļ*, flurn., = Seetal; *suebùrg* Seeburg, ortsn., *rê* roh, erscheint auch in *règhèrg* Rechberg, nachbarburg des Hohenstaufen, lautet bei den umwohnern *raeçbẹrg*, also die form mit dem diphth.; durch die doppelte gestalt des namens ist zugleich seine etymologie gegeben. *bekhêɔrą* ist ein halbgelehrtes wort, das sieht man am präfix *be-*, das in volkstümlichen wörtern nicht gern unsyncopirt auftritt. — Mhd. *hêrre* herr, erscheint in M. als *haerḷę* = kathol. geistlicher; ebenso in k.: *haerḷę* n. ortspfarrer (Weitz s. 50, 135). Der ortsn. Herrenberg lautet im westschwäb. *haerąbèrg*. Die Herrenkellergasse in Ulm lautet in der dortigen mda. *haerąkhèllrgass*. Daneben in M. *hèrr* herr, kann als entlehnt oder als regelrecht aus *ê* — *ae* abgeleitet betrachtet werden. — Der familienname Kneer lautet bei evangel. *gnéɔr*, bei katholiken *gnér*. Mhd. *sê* siehe da, erscheint gekürzt als *sè*, was sein wesen erklärt; redensart: *sè, sael mą tsûa dę gòesą* = da, sagt man zu den geissen. Gekürzt ist *ê* auch in *èçd* echt < *êhaft*; lang, aber nicht diphth. in *éhig* < *êwic* ewig.

Wir schliessen hier das eigentümliche wort *ael* erde an, das aus *ërde* nicht recht abzuleiten ist; es scheint jedoch älter und ziemlich verbreitet zu sein; eine form aus dem 17. jahrhdt. ist *Aierden* (B. Al. XII, 116); der ortsname Ertingen, oberamts Riedlingen, ist mda. *Aittinga* (B.Al.II,265).

§ 25. GERM. *AI* — AHD. MHD. *EI*.

wênic und *zwêne* bilden auch in M. ausnahmen von der regel, nach welcher ein teil der germ. *ai* im ahd. zu *ei* wird. Sie lauten *węnig*, *tswę́*.

Das mhd. *ei* erscheint gschw. als *ae*, welches als durchgangsstufe zum mda. *òe* aufzufassen ist. Es hat sich wohl zunächst der anfangsvokal des diphth. verlängert: *áe*; wurde in diesem laut das *e* mehr und mehr vernachlässigt, so entstand das *á* der schwäb.-fränk. mdaa. um Hall und Heilbronn, z. b. *geist* — *gaest* — *gáesd* — *gásd*, *bein* — *bą́*, *hálbrunn*. Andrerseits konnte das *á* in *áe* sich gegen *o* hin verdumpfen: *òe*, dieses wird in M. wieder gekürzt zu *òe*. Andre schwäb. mdaa., besonders die westschwäb., gehen von *òe* dadurch zu ihrer form ôa über, dass sie das e, welches an unbetonter stelle im schwäb. überhaupt gern mit a wechselt, mit diesem vertauschen. Vgl. § 35.

Beispiele aus M.: *šdòeg* < *steige* strasse von tal zu berg; *hǫę* < *hein, heim* heim: *wòetlę* flink, adv. < *weidelich*; *tsòeęę* < *zeichen* zeichen; *gòešd* gespenst < *geist*; *lòeb* < *leib*-laib; *wòeę* < *weich* weich; *dòel* < *teil* 1) teil, 2) allmendteil; *lòelr* < *leiter* leiter f.; *sòel* < *seil* seil; *šdǫę* < *stein* stein; *rǫę* < *rein* rain; *nǫę* < *nein* nein; *òe* < *ei* ei; *ròe* < *reie* reihen, m.; *mòeqkhêafr* unnikäfer, zu *meie* mai; *bòesrwęd* (Baier-wind) ostwind, zu *Beier*; *mòešdr* < *meister* meister, aber *meist* — *maešd*; die mda. form stimmt besser zum comparativ *mê(r)* — *mae* als zur mhd. form *meist*. *wêalrlòęnu* wetterleuchten, zu *wēterleich*; *šlòefŭ* schleppen < *sleifen*.

Ausnahmen.

1) Mhd. *ei* aus ahd. *ege, egi* gibt mda. *ae*. Mit Kff. nehmen wir den übergang von mhd. *ê* zu mda. *ae* alten schreibungen gemäss als folgende reihe an: *ê* — *eⁱ* — *ei* — *ae*; die erste stufe wäre als langes *e* mit nachklang von *i*, die zweite, *ei*, als der schwäb. diphth. *ai* zu betrachten, aus dem *ae* durch erniedrigung hervorgeht, wie mda. *ao* aus mhd. *ou*. Wenn nun mhd. *ei* in wörtern wie *seil* = sagt, die entwicklung der sonstigen mhd. *ei* nur bis zu *ae* mitgemacht hat und zwar fast allgemein schwäb., so müssen wir, da nicht einzusehen ist, warum diese volkstümlichen wörter sich weniger schnell entwickelt haben sollten, für das *ei* in *seit* usw. eine lautstufe annehmen, welche der des sonstigen mhd. *ei* vorauslag, also etwa *eⁱ*. Die gleiche schreibung im mhd. durch *ei* erklärt sich aus der ähnlichkeit der laute. Die stufe *eⁱ* liegt klar vor augen, wenn man in der gruppe *ege, egi* den cons. ausfallen lässt. B. Al. Sp. s. 53 erklärt das zurückbleiben von mhd. *ei* in unsrem fall aus einem ausfall von *g* und contraction der beiden *e* zu *ê*, aus dem dann mit dem urspr. *ê* (in *sê* see) *ae* entstanden sei. Ein solches contrahirtes *ê* ist aber unsres wissens nicht belegt; man kann die überlieferte mhd. form *ei* nicht umgehen.

Die fälle für M. sind folgende: *suet, gsuet* < *seit, geseit;*
laet, glaet < *leit, geleit* legt, gelegt; *drael* trägt < *treit;*
aetèks eidechse < *egedëhse.*

2) Das mhd. *ei* hat in M. in einigen wörtern die gschw.
form *ae* wohl deshalb, weil der Schwabe das nhd. *ei* nicht
kennt, und er jene wörter aus der schriftsprache herüber-
nahm. So *graes* kreis < *kreiẓ*, das ererbte wort für kreis
ist *grẹṇ* < *kriny-; haelạnd* Heiland < *heilant; khaesr̥* kaiser
< *keiser,* nur sehr vulgär die regelrechte form *khòesr̥* (Weitz.
s. 104). Eigentümlich ist, dass das gut volkstümliche *raesạ*
sich schnell bewegen, schnell fahren, *raesr̥* rasches pferd, *ae*
hat, neben dem richtigen *òe* in *ròesạ* < *reisen* reisen; *šlaer̥*
< *sleier* schleier.

3) Mhd. *ei* vor *l* + cons. erscheint in M. als *ò,* wohl
über *òe.* So *eilf* M. *òlf* 11. Das *l* wird das *e* verschlungen
haben, weil doppelconsonanz kurzen, einfachen vokal liebt
und das *l* der Mda. das helle, *e, i*-haltige ist. *hòlg* < *heilig-.*
urspr. heiligenbild, dann jeder bilderbogen; dem. *hèlglẹ* bild-
chen; *hòlgạbèrg* flurn., berg, welcher dem heiligen, d. h. der
kirche gehört. *dròlfẹṇạ* ortsn. Trailfingen in urkunden des
8. jhdts. *Dragolvingen, Trogolfingen.* Kff. s. 28.

4) *ei* in *zweinzic* zu *a: tswạntsg.*

5) *mêdlẹ* mädchen, ist schwerlich aus mhd. *meit* abzuleiten;
eher dürfte *mêgdlẹ,* dem. von *mägd* < *maget,* durch *g*-ausfall
wie in *Magdalena* — *mädslẹ, mêdlẹ* ergeben haben; man sagt
auch zu kleinen mädchen, um ihnen zu schmeicheln und sie
in ihren augen gross und kräftig erscheinen zu lassen: *dú
bišd ábr̥ ạ mägd!* *mägd* ist hier gewiss das *mêgdlẹ* ohne
deminutivform; der sprechende bezweckt gerade das gegen-
teil von der deminution. — Eine andre möglichkeit ist noch
offen: das *ê* aus dem *ae* der ob. Ld. abzuleiten; *maedla* ist
dort mehrfach belegt. Aber warum ist dann nicht auch das
dortige *saet* usw. zu M. *sêt* usw. geworden, sondern *saet* ge-
blieben?

§ 26. GERM. *EU* — AHD. MHD. *IU.*

Das mhd. *iu,* das aus dem ahd. diphth. *iu* hervor-
gegangen ist, erscheint in M. in einer anzahl der fälle als der

diphthong *ui;* in den übrigen fällen als *ai*. Folgendes sind sie:
a) *ui. fuiər* feuer < *fiur* ahd.; *nui* neu < ahd. *niuwi; gnui* knie
< ahd. *kniu; tsuig* zeug, sachen, angelegenheit usw. < ahd. *ziug;
šuiər* scheune < ahd. *sciura; huiər* heuer < *hiuro; brui* bierbrauer
< ahd. *briuwo; bluią* durchprügeln < *bliuwan; duifąlál* flurn.
Tiefental, *duifąhíłą* ortsn. Tiefenhülen, zu ahd. *tiuf*, welches in
M. *diaf* lautet; *šduiər* steuer < ahd. *stiura; šbruiər* pl. tant. <
ahd. *spriuwir* spreuer; *froetšafd* verwandtschaft < ahd. *friunt-
scaft; drui* drei < ahd. *driu*, gilt auch für masc. und fem.;
dui diese, fem. sg. < ahd. *diu*, gilt auch für den acc.; *sui*
sie, betont fem. sg. < ahd. *siu*, ebenso für den acc.; *uiç* euch,
dat. und acc. < ahd. *iuwih;* ferner gewisse formen der verba
der *u*-klasse, nämlich 1. 2. 3 sg. ind. prs., bei der 2. sg. imp.
halten sich *ui* und *îa* ungefähr das gleichgewicht; also z. b.
von ahd. *ziohan* — M. *tsîaga: tsui, tsuišd. tsuit*, 2. imp. *tsui*
oder *tsîag*. Ebenso die 3. sg. *buit* < *biutit, suit* < *siudit,
fydruisd* < *verdriuzit. fluisd* < *fliuzit, šuisd* < *skiuzit, šluisd*
< *sliuzit, fruit* < *friusit, fyluirt* < *firliusit, luigd* < *liugit,
buigd* < *biugit, fluigd* < *fliugit, šuibd* < *skiubit.*

b) *ai: daitą* deuten < ahd. *diuten; daiłš* deutsch < ahd.
diutisc; daiər touer < ahd. *tiuri; daifļ* teufel < ahd. *tiufal;
daicļ* hölzerne röhre für wasserleitungen < ahd. *tiuchel; haęt*
nasalirtes gschw. *hait* heute < ahd. *hiutu; nąę* neun < ahd.
niun; łait leute < ahd. *liuti; šaią* scheuen, scheu werden <
ahd. *sciuhen.*

Die fälle. wo ahd. *iu* zu mda. *ai* wurde, wo also der-
selbe laut entsteht, wie aus dem umlaut des alten *û* (vgl.
§ 22), deuten von selbst darauf hin, dass im mhd. *iu* aus
altem *iu* der lange *ü*-laut vorliegt, der sich dann einerseits
zu *ui* gestaltet, andrerseits mit dem umlaut von *û ai* ergeben
habe. Der vollen identität der beiden laute *iu* (aus *iu*) und
iu (*û*-umlaut) widerspricht aber die tatsache, dass aus letzterem
iu sich kein einziges mda. *ui* entwickelte, was doch zu
erwarten wäre, wenn im mhd. *iu* auch lautlich beide laute
vereinigt wären. Ein dem *û*-umlaut ähnlicher laut wird *iu*
aus ahd. *iu* wohl gewesen sein. sonst hätte es sich nicht in
einem teil der fälle zu *ai* entwickeln können; ausser es wären
die fälle *b* als eindringlinge aus der schriftsprache zu be-

trachten, deren eu infolge des mangels der lippenrundung als *ai* gesprochen wird. Bei *daiçł* < *tiuchel* liegt schwerlich entlehnung vor; ebensowenig bei *haęł* < *hintu*, ein neu entlehntes wort hätte sich doch wohl nicht einen nasalvokal zugelegt. Das gschw. kennt *ui* nicht, es hat dafür *ai* oder *îə*, z. b. *nai* neu, *liagd* < *liugit* lügt. —

Den wörtern mit *ui* schliessen sich an: der dunkle übername *gluits*; sowie aus dem französischen *lui* < *Louis* Ludwig, *luis* < *Louise*.

§ 27. GERM. *EU* — AHD. *EO, IO* — MHD. *IE*.

Das mhd. *ie* dieser herkunft erscheint in M. als *îə*. Beispiele: *bîagł* winkel, ecke, < *biegel* zu *biogan*: *brîə̂šdγ* gebäck aus biestmilch < *biost*; *hîər* bier < *bior*; *lîaχd* licht < *lioht*; *dîər* tier < *tior*; *diəf* tief < *tiof*; *lîəb* lieb < *liob* usw. Ferner von den verben der *u*-klasse die praesensformen, pl. ind. praes., der ganze conj. praes. und der inf. z. b. *lîaγą*, lügen < *liogan*, pl. ind: *liagəd*, conj. *liag, liagəsd, liag, liagę, liagəd, liagę.*

Das mhd. adv. *ie*, ahd. *io*, wird *îə* in *îəmôl* zuweilen < *ieməl; îəbət* zuweilen, zu mhd. *bot* gebot — mdа. *bot* angebot. *ie* wird zu *je* in *jédr* jeder < *iowêdar*; *jets* jetzt < *iezuo*.

Trifft *îə* irgendwelcher herkunft mit vokalisch anlautender silbe desselben wortes zusammen, so wird es zu *î* z. b. *blîą* blühen < *blüejen*; ebenso *glîą* glühen < *glüejen*; *tsîą* neben *tsîagą* ziehen < *ziehen*: *frîər* früher < *vrüejer*, *brîą* brühe < *brüeje*; *glîig* glühend < **glüeig*.

§ 28 GERM. *Ê* — AHD. *EA, IA, IE* — MHD. *IE*.

Dieses mhd. *ie* erscheint in M. im allgemeinen als *îə*, merkwürdigerweise aber im conj. praet. der (got.) reduplicirenden verben, soweit diese in M. vorhanden sind, als monophthong *î*; eine im schwäbischen seltene erscheinung.

Beispiele: *hîa* hier, am hiesigen orte < mhd. *hie*; *gríaχą* Griechen < *Kriechen*; *khę́arûəs* kienruss zu mhd. *kien*; *šîər* beinahe < mhd. *schiere*; *tsîagł* ziegel < lat. *tegula*; *brîaf*

brief < lat. *breve*; *shiagl* spiegel < lat. *speculum*; *fialy* fieber, < lat. *febris*.
Die praett. der redupl. verba: *hilt* 1. sg. conj. praet..
< ahd. *hialti* ich hielte; *gę̂gt* ich ginge < ahd. *giangiti (vgl. s. 24); zu *ę́* statt *i* vgl. § 2 II. *fil* ich fiele < ahd. *fiali*. häufiger ist daneben, die umschreibende form *dêt fallą* < mhd. *tæte callen*, ebenso bei *fa̧ga* und *ha̧ga* fangen, hängen, *blôsą* und *brôtą* blasen, braten, *šlôfą* schlafen, dagegen hat *lázan* — *lisd* — *lazili; *hiązi* < *his*; *liofi* — *lif* liefe; aber umschreibung bei *dêt šdaosą* = würde stossen.

Eine analogiewirkung ist offenbar *misd* müsste < *mnositi, dagegen con. praes.: *mías* < *muozi*. Die Stuttgarter mda. hat auch im praet. *miasd*.

§ 29. GERM. Ô — AHD. MHD. OU.

Mhd. *uo* erscheint in M. als *ûa*, sein umlaut ist *îa*. Beispiele: *fûalg* futter < *enoter*; *grûal* ortsname Gruorn, dieselbe dissimilation ist erstarrt in dem hohenzollerischen Gruol, welches urk. 1311 ebenfalls *Gruorn* (B. Al. Sp. s. 93) lautete. *grûeba* ausruhen < *geruowen*, dazu *riabig* ruhig; *bûarǫę* flurn. < *buochrain Buchrain; *blûašd* blüte < *bluost*; *riadig* wütend < *rüetic*; *rûalą* emsig auf erwerb aus sein, < ahd. *uuolen* mhd. *rüelen*; *rîašd* hässlich, physisch und moralisch, < *rüeste*; einzelne conj. praet: *šlîąg* schlüge < *slüege*; selten und nur im affect die unorg. starken *mîaχ* < *müechę würde machen, und *šiąg* < *süegę zu *sagen*.

Vor nasalen wird *uo* — *ûa* zu *ǫ́*, aber nur in der stadt. Au. hat auch hier den diphthong. M.: *blunome* — *blǫ́m* blume, *tuon* *dǫ́* tun, *tsǫm* < *zuo dëmę* zum. *ǫ́* verkürzt durch das *m*: *khǫ́nę* n. pr. < *Knonin frau des *Knono*, Kuhn; *dǫ́ną* Donau < *Tuonouwe*, neben *dǫ́ąną* wie in Au. — Dazu *šdę́nd* < *stüende*.

uo erscheint als *ô* in *mǫ̂dę* < *Wuotan*. *mǫ́dęshér* Wotansheer, vgl. *Moddissear* bei B. Al. Sp. s. 56. — *godmáχd* < *guotin naht kann wegen unbetontheit der ersten silbe wohl nicht hiehergestellt werden; vgl. dazu das *grôsdągk* < *gruozdanc (B. Al. III. 176).

Monophthongierung erfährt *uo* und sein umlaut ferner in dem ausdruck *dǰ mi wēərt* (oder *dǰ wēərt*) der mühe wert, neben dem richtigen isolierten *mīa* < *mūeje*. Eher als bei diesem wort ist an entlehnung aus der schriftsprache bei *glüwαç* glühwein zu denken, < *glüewein*.
Unorg. *uo* — *ña* in *tsṛña* aus *zwō* fem. der zweizahl, hier hat sich scheinbar die diphthongierung des alten *ô* wiederholt. Ferner in *šñakhurr* < *schupkarre* schubkarren. Liegt hier nach dem ausfall des *b* und längung des *u* volksetymol. anlehnung an *schnoch* Mda. *šña* vor?

II. Alte kürzen.

§ 30. AHD. MHD. *U*.

Über die quantitativen verhältnisse vgl. man hier wie für die folgenden vokale §§ 8—15.

Das alte *u* hat sich in M. als *u* erhalten; nur vor *r* als *ü*. Sein umlaut *ü* erscheint als *i*, vor *r* als *ẹ*. Der umlaut unterbleibt gern. Beispiele: *nuts* nütze < ahd. *nuzzi*; *bruk* < ahd. *brucca* brücke; *muk* < ahd. *mucca* mücke, stubenfliege; *gruk* krücke < ahd. *chruccha*; *khuχχę* küche < ahd. *chuhhīna*; *bukα* bücken zu *biegen*; *luk* locker zu mhd. *lücke* (s. Kluge s. v. locker); *lukę* lücke < ahd. *luccha*; *lügę* lüge < ahd. *lugī*; *drukα* drücken < ahd. *drucchen*; *duk* heimlicher streich < mhd. *tuc* (tücke); *hüt* hürde < mhd. *hurt*; *ibŗhupfα* übergehen, zu mhd. *hupfen*, sonst hüpfen = M. *hopsα*; dazu *firipfəlę* in der redensart: *α firipfəlę dǰ* = ein übriges tun, etwas ausserordentliches leisten; als der bedeutung gut entsprechende grundform setzen wir an **vürhüpfelin*. Der ausfall eines nebentonige silbe anlautenden *h* ist in M. auch sonst bekannt: *gugelhopf* — *góglopf*, zu *gugel* kapuze, ein kegelrumpfähnliches gebäck, **abhēr* *dŗ* herab **ûfhēr* — *aufŗ* herauf usw. — *lupfα* < mhd. *lupfen*, heben; *šupfα* durch einen raschen stoss wegschieben, mhd *schupfen*; *šlupfα* schlüpfen, < mhd. *slupfen*; *šduk* stück < ahd. *stucchi*; *ruk* rücken eines dinges (der menschliche rücken heisst *bukļ*) < ahd. *rucki*; *tsruk* zurück < ahd. *zi rucke*; *rukα* rücken, < ahd. *rucchen*.

Sonstige fälle von altem *u: druką* trocken < ahd. *trucchan*, dazu *drikna* trocknen; *gwilk* gewölk, analog zu *wolk*, wie *hiltsę* hölzern, zu *holts*; *f̨khìrną* < *verkürnen* sich verschlucken, zu *korn*; *f̨tsìrną* < *erzürnen* mit wechsel des präfixes. Unorg. *u* in *ǫ́gfùrmąd* (ungeformt) ungeschlacht, rüpelhaft. Aus *u* ist *o* geworden in: *busch* — *boss*; *smutz* — *smots* unreines fett, unreinigkeit; *gugelhopf* — *góglopf*; *béglą* plätten. bügeln zu *bügel*.

§ 31. AHD. MHD. *O*.

Altes *o* erhält sich in M.; sein umlaut ö erscheint als e. Vor *r* wird mhd. *o* zu ò, dessen umlaut ist è.

Beispiele: *rots* nasenschleim < *rotz*; *loχχ* loch < mhd. *loch*; *holts* holz < *holz*, *śoχχ* haufen < *schoche*; *wolfgátą* flurn. Wolfgarten; *dok* puppe < *tocke*. *o* wird zu *u* in: *ful* fort < *vort*; ebenso k: Antwut < *antwurt* (Sailer s. 147. Weitz. 131); *dús* dose; *nuśd̨* halskette, < *paternoster*; *śuką* einen raschen stoss versetzen < mhd. *schocken*; *muśd̨* unordentliche weibsperson < *monstrum*?

Das *o* in *bollą* bellen ist ohne zweifel aus dem part. praet. in den inf. gedrungen (vgl. Braune s. 233), als ahd. *bëllan* noch st. v. war, jetzt ist es auch in M. schwach. Derselbe vorgang findet sich bei M. *ligą* < *ligen* und *sitsą* < *sitzen* wieder, welche die formen *lèagą* und *sèassą* aus *(ge)lëgen, (ge)sëʒʒen* neben sich haben; das *ëa, èa* vertritt dann das *ì, i* in allen formen des praes., z. b. imp. *lèag* neben *lig*, *sèase* neben *sits*.

Mhd. *or* wird zu M. *ər* oder *ðər* je nach den vokaldehnungsgesetzen, im allgemeinen steht *ər* vor labialen und gutturalen. während die dentale (ohne *n*) längen zu *ðər*. Dass *o* vor *rn* nasalirt wird, ist schon oben s. 41 gesagt worden. Beispiele: *sdòrk* storch < *stork*; *mòrgą* = cras (Au. *mòrn*) < *morgen*; *sòrg* sorge < *sorge*; *dòrklą* taumeln < mhd. *torkeln*; *gsdòrbą* gestorben < *gestorben*; *òrnę* ordnung < *ordenunge*, *o* vor *r* wurde hier vor der nasalirung durch *n* durch den vermutlich späten ausfall von *d* geschützt; *bòrgą* < *borgen* borgen; *wòrgą* intr., sich im schlingen abmühen < *worgen*; *f̨dòrbą* < verdǫrbęn verdorben; ȯrgļ orgel < orgel; wǫ̈ǫrt wort < wort; dörrǫ dörren < dorren; ǫ̈ǫrt < ort ende oder anfang, ortschaft; šdǫ̈ǫrtsļ stoppel < storzel. Natürlich längt einfaches r das ǫ auch: fǫ̈ǫr < vor, adv. betont, auch = vorher, unbetont als präpos. förr; in förtļ < vorteil vorteil, vorsprung, hat das als mit r zur selben silbe gehörig gefühlte t als nicht mhd. rt den vokal gekürzt. dǫ̈ǫr tor < tor; bǫ̈ǫrẹ bohrer, zu born — bǫ̈ǫrǫ bohren; bǫ̈ǫrkhìrẹ < borkirche emporkirche; šǫ̈ǫrǫ mit dem spaten die erde lockern < schorn, dazu šǫ̈ǫr spaten < schor; ṣšǫ̈ǫrǫ geschoren, von šẹ̈ǫrǫ < schërn; wǫ̈ǫrǫ geworden, d fiel vermutlich früh aus; ṣšwǫ̈ǫrǫ geschworen, verdankt die ausnahmestellung seines ǫ wahrscheinlich seiner herkunft aus a, es war eben kein altes o. In gebǫ̈ǫrǫ geboren, haben wir, wie auch das nichtsyncopirte gẹ zeigt, nhd. entlehnung; gebräuchlicher dafür ist nf d wẹ̈all khǫmmǫ = auf die welt gekommen. Zwei ausnahmen andrer art sind die partt. fṛlǫorǫ, gfrǫorǫ, verloren, gefroren, deren ǫo auf altes ǫ̈ deutet, das wohl aus den einsilbigen formen des praet. ins part. praet. drang, und zwar auf einem grossen teil des alem. schwäb. gebietes, wenn man diesen schluss aus der ausnahmestellung ziehen darf, welche jene beiden wörter auch in Schaffhausen und Vorarlberg einnehmen, wenn es sich um mhd. kürze handelt (Perath s. 28; Stick s. 26).

Lehnwörter haben o: sort sorte, dort torte, bortslǫ̈(letzte silbe betont) porzellan; thẹdǫ̈r Theodor; nort norden; merkwürdigerweise auch mort mord; mortiǫ̈ mordio, neben dem fluch mortsakṛmẹnt.

Beispiele für den umlaut: ėrgǫlẹ dem. von ȯrgļ drehorgel; dẹ̈ǫrlẹ dem. von dǫ̈ǫr tor; wẹ̈ǫrtlẹ dem. von wǫ̈ǫrt wort.

§ 32. AHD. MHD. A.

Das alte a erscheint in M. als a; z. b. gwalt m. eigensinn, gewalttätigkeit < gewalt; khalop (o betont) galopp zu mhd. kalopeiʒ; khalẹ kalk < mhd. kalc; hás hase < hase; waksǫ wachsen < wahsen; gṣmatsgǫ hörbar kauen < smackezen auf folgendem wege: gṣmaktsgǫ entstand leicht aus dem mhd. wort, da ge- gern vor s, š-anlaut, und g gern hinter z antritt; aus dieser häufung von gutturalen verschlusslauten verschwand nun *k*, und es ergab sich unsere form. Ebenso *gatsgą* stottern, stammeln < *gagzen*. *baχχą* < *bachen* backen; *batą* einer sache genügen < *baten*.

Umlaut.

Mehr als bei den andern mhd. kurzen vokalen verdient der umlaut bei *a* beachtung. Die beiden scharf getrennten umlaute *e* und *è* verdanken ihre verschiedenheit nicht der verschiedenen umgebung des *a*, sondern wie Franck (Ztschr. f. d. Altert. XXV, 218 ff.) gezeigt hat, einem früheren, bezw. späteren eintritt des umlauts. Der jüngere umlaut *è* wird sich also vorzugsweise da finden, wo sich in älterer zeit das *a* dem umlaut entzog, sei es durch umlauthindernde consonantengruppen oder durch eine weitere silbe vom umlautfaktor getrennt, sei es weil ein umlaut noch gar nicht bedürfniss war. Andrerseits bemerken wir, dass der ältere umlaut *e* bei den factitiven regel ist.

Betrachten wir nun den stand der verteilung in M. nach den oben ausgesprochenen gesichtspunkten, so haben wir *è* (nebst seiner länge *ê*) u. a. in folgenden wörtern: *mèçdig* adv. sehr; *nèçd* nächte; der comparativ *nèçdr* dunkler, zum verb. impers. *s išd náχd* es ist nacht, ist wohl analogiebildung. Ferner *drèçdr* trichter < *trahter*; *gslèçd* geschlecht < *gislahti*; *wahsan* gibt *weksd*; *garwen* — *gèrbr*; *farwen* — *fèrbr*; bei *r*- und *l*-verbindungen steht M. zum fränkischen: *haltą* — helt; *fallą* — felt; *eltr* älter; *khelbr* kälber; *gwermą* aufwärmen; *šdèrkr* stärker: *erbą* erben; *ermr* ärmer; *ermļ* ärmel; *fétig* < **fertig* fertig, zu *vart*; *slét* < *slahit*, aber *èər* ähre < *ahir*.

Consequenter als bei umlauthindernder consonantenverbindung verfuhr die Mda. in den 3 andern fällen, nämlich beim antritt der deminutivendung und des suffixes -*are*, sowie beim unorg. umlaut.

1) Deminution: *grèfdlc* dem. von kraft, — *grefdig*; *rêdlc* — *rèdr* rädchen — räder; *grèslc* — *grèsr*, zu gras; *hèfdlc* dem. von *hafd*, f. das festhaltende — *hefd* messergriff; *nègdlc* nelke — *nègļ* nägel. das dem. von *nagel* mit der

eigentlichen bedeutung lautet *négəlę*: *phèklę* päckchen — *phekd* packt, fasst; *sèklę* säckchen — *sek* säcke; *gnèllę* knällchen — *gnellą* knallen; *fèslę* — *fessr* zu fass; *hêglę* -- *hêgr* zu mhd. *hac* lebender zaun; *lèdlę* kleiner laden — *lét* er lädt; *dêlę* — *dêlr* zu *dâl* tal. Das hohe alter von *e* in *epfſ* nom. sg. apfel geht auch daraus hervor, dass sein dem. nicht *è* hat: *epfəlę*.

2) *-œre*: *jêgr* jäger — *jêgd* jagt; *glêgr* kläger — *glêgd* klagt; *slêgr* schläger. in *daodslêgr* — *slêgſ* schlegel; *drêgr* träger; *hèkr* schluchzer zu *hacken*? *laịąsêgrę* leichenbitterin, zu *sagen*, gschw. *secd* er sagt; *mêdr* mäher, könnte sein *ê* dem mhd. *â* verdanken, welches immer zu *ê* umlautet (s. 49), wenn nicht *madare* anzusetzen wäre, wie es M. *mád* mahd in übereinstimmung mit Stick. s. 54 erfordert. Der plur. von *mád* lautet *mêdr*, was das überlieferte mhd. *mäd-* wiederum nicht zur grundlage haben kann.

3) Unorg. umlaute. Vgl. s. 45. *dêg* tage — *régą* mhd. *regen*, refl. sich bewegen; *khèsdą* kasten — *fèsd* fest; *flèss̈* flasche — *lessą* löschen < *leschen*; *hèfą* töpfe < mhd. *haven*, dazu *hêfnr* hafner - *hêfſ* sauerteig < ahd. *heril*; *hêb* 1. sg. conj. praes. von *haben*, < älterem *habe*, — *hèb* imp. von *hèba* halten < mhd. *haben*; *sẅètsą* schwatzen, sprechen überhaupt, — *gretsa* kratzen; *hèlm* halme; *grêgą* kragen pl.; *wèld* neben *wèldr* pl. von *wald*.

a in ahd. *wadalôn* zu *wadal* wedel, hat 2 umlaute entwickelt und damit 2 getrennte bedeutungen: *wêdlą* impers. bewegung der luft in stark geheiztem zimmer, — *wèdlą* wedeln.

Einige factitive: *sdellą* stellen; *sdreką* strecken; *frsreką* erschrecken; *lêgą* legen; *tsélą* zählen; *setsą* setzen; usw.

Vor nasalen sind *è* und *e* nicht unterschieden nach § 2, II.

§ 33. AHD. MHD. Ë.

1) Wechsel von *i* und *ë*.

Einige germ. *i* sind im ahd. in *ë* übergegangen. In M. hat ein teil dieser *i* die bewegung nicht mitgemacht. Wir haben somit M. *gilſą* winseln von hunden, ags. *gilpan*, mhd.

gëlfen; *brit* brett, mhd. *brët*; *wikslą* wechseln, ahd. *wëhsalôn*; *gę́ną* gähnen, geht jedenfalls auf mhd. *ginen* zurück, *gënen* hätte *gę́ną* ergeben. *wi̍fłą* strümpfe stopfen < mhd. *wifelen*, gehört zu *wëben*; *ni̍błą* unpers. feiner staubregen < mhd. *nibelen* zu *nëbel*; *schif* und *schëf* kommen beide in M. vor, ersteres als *si̍ff* schiff, wasserbehälter im herd, letzteres als *šêaf* schote (vgl. s. 29).

2) Entwicklung des *ë* in M.

Mhd. *ë* erscheint in M. unter berücksichtigung der vokaldehnungsgesetze als *èa* und *êa* und zwar in jeder umgebung; nur *èa* vor *r* wird zu *è*, *êa* vor *r* zu *êə*, *ə* ist vor *r* ein ganz schwacher nebenlaut.

Beispiele: *bêąs* besen < *bëseme*; *rêąχd*, *rêąt* recht < *rëht*; *słêąt*, *słêąχd* schlecht < *slëht*; *rèaχχ* rechen < *rëche*; *sèally* jener < *sëlber*, *sèałby* selbst, *sèałt* dort, neben *dèt* < *dört*; *hèall* hell < *hëll-*; *snèall* schnell < *snëll-*, *lêabą* leben < *lëben*; *nèąsd* nest < *nëst*; *drèassą* dreschen < *drëschen*, *drèatą* treten < *trëten*; *bèatą* beten < *bëten*; *mèassą* messen < *më̀zzen*; *wêąyą* wägen <, *wëgen*; *lèasą* lesen < *lësen*; *khèak* keck < *këc*; *wêay* weg < *wëg-*; *èassą* essen < *ëzzen*; *wèalt* welt < *wërlt*; *fèall* fell < *fëll-*; *gnêąχd* knecht < *knëht*; *êaby* eber < *ëber*; *wèaty* wetter < *wëter*; *lêaby* leber < *lëber*; *słèaką* lecken, naschen < *slëcken*; *fyšrèaką* < *erschrëcken* intr.; *mêal* mehl < *mël*; *fyłèaχną* leck werden, austrocknen, zu mhd. *lëchen*; *pflêagy* vormund < *phlëgære*; *flèak* flecken, ortschaft < *vlëc*; *rèadą* sieben < *rëden*; *khêafy* käfer < *këvere*; *šdèaftsy* breite nadel, < *stëft*; *ŷêal* gelb < *gël*; *wèallą* teig ausrollen < *wëllen*; *tsèatł* zettel < *zëtel*.

Vor *r*: *hèrts* < *hërz*; *wèrfł* steinkugel zum spielen, zu *wèrfen*; *fêars* ferse < *vërsen*; *wêartig* werktag (Au. *wèrfdig*) < *wëretac*; *fę̀rnł* voriges jahr < *rërnet*; *ęrnšd* ernst < *ërnest*; *wêər* wer < *wër*, *dêər* der, dieser < *dër*; *êar* er, betont < *ër*; *smêərśnaidy* schwächlicher mensch < mhd. *smërsnîder*.

Unregelmässigkeiten.

Schon mhd. wurde *ë* vor *st* zu *e*, *e* vor *ht* zu *ë* (Franck, Ztschr. f. d. Altert. XXV. 218 ff.), was aber in M. nicht consequent durchgeführt ist. Wir haben: *brèsdhafd* gebrechlich < *brësthaft*; *fèsd* das fest < *fèst*; *swèsdy* schwester, würde stimmen;

ebenso L.: wesdɽlɑu name eines waldes, aus *wësterlóch. M. gesdɽd < gestern.

Das mhd. ë bleibt in einer anzahl von fällen undiphthongiert; so durchaus im gschw. In M. erscheint es dann als è oder e, bezw. ê oder é. Die gschw. form è hat es: im suffix -lëht — -lêςd; ferner in mët — mèt, in dem superlativischen adj. mètsias metsüss, mit dem alten, schon veraltenden wort scheint auch die alte form bewahrt worden zu sein. hèlm < hëlm helm; brêglɑ rösten, braten < brëglen; aetèks eidechse < egedëhse; êbɽhart familienname, zu dem lebendigen ëbɽ eber; gschw. sdêɣ stiege, treppe < stëge; M. blèςς blech < blëch; bèςς pech < pëch; rêɣnɑ regnen < rëɣenen, Au. hat hier rɑɽɑ (vgl. s. 43), was auf rêɑɣnɑ zurückweist, dessen êɑ gern zu a wird (s. unten); bèςς becher < bëcher; sbèςd specht < spëht; wèk weg, fort < mhd. wëc; sbèk speck < spëc; fèsbɽ vesper, vor- oder nachmittagsimbiss.

Als e erscheint ē in Schaffhausen in bestimmter umgebung (Stick s. 20), ein gesetz, das in M. nur anklingt. Wir haben M. grèssiς kresse < krësse; mhd. ëben zerfällt in êɑbɑ soeben, nêɑbəd neben, und ēbɑ eben, flach, familienname ēbnɽ Ebner; mhd. ëte- erscheint als et und èɑ(t): etliς etlich, èɑɽɽ < ëtɑwɽ jemand, èɑpəs etwas, èɑpɑ < ëtewɑ, in èɑpɑhς (hς betont) besuch machen in einem befreundeten hause; fēsdɽ fenster < vënster lässt nicht erkennen, ob ς aus e oder ē nasaliert wurde; zëhen — tsēɑ zehn; lëdic — lédig ledig, unverheiratet; seks sechs < sëhs, ebenso seksd der sechste, aber sèɑχtsēɑ 16 und sèɑχtsɣ 60.

Mit der überwiegenden mehrzahl der mhd. ē haben sich unorganisch einige è aus umgelautetem a zu ēɑ. êɑ diphthongiert. So hat M. rēɑχnɑ rechnen, zu rɑhhɑ; fèats fetzen, lumpen < mhd. vetze zu vɑzzen: in der bedeutung trunkenbold hat es den dem alten a entsprechenden vokal: fèts; blèɑts m. der flicken < blez, got. plɑts; fèɑɣɑ scheuern < vëgen, zu fugɑr; sèɑɣɑ sägen < ahd. sɑgôn; snèak schnecke, m. und f. < ahd. snëcko; smêɑlɑ pl. tant. eine art dünner, würziger grashalme < mhd. smelehe zu smɑl; sdèɑlts < ahd. stelzɑ stelze; mèɑssɽ das messer, mhd. mezzer < mɑz + sahs; lèɑts verkehrt <

mhd. *letze*.   mhd. *drasen* — Mda. *drêasą — drę̀ąsą* hörbar durch die nase atmen; *darf —* umgelautet gschw. *dèrf — r-*ausfall und diphthongierung: *dèąff* darf; die zweite person dazu, *dèrsd* gschw., *dèasd* M. darfst, scheint auf dem gleichen wege aus *tarst* abgeleitet zu sein; ähnlich *hànt — *hænt — hęnd* gschw. — *hę̀ąnd* M. haben, ganz ebenso *lànt —* gsch. *lęnd —* M. *lę̀ąnd* lassen. Dieser entwicklung schliesst sich in k. auch ein ę an, das aus *i* durch nasalierung entstand: mhd. *sint —* M. und gschw. *sęnt —* k. *sę̀ąnd* sind, unzähligemale bei Weitz. — Dazu M. *wę̀ąnd* wollen 1. 2. 3. plur. praes. von *wellą*, aus *welnt durch den bei diesem verb beliebten ausfall des *l* entstandon; das gschw. zu erwartende *węnd fehlt.

Die verbreitung des *èa, êa* für mhd. *ë* in Schwaben ist gross; merkwürdigerweise hat das 1 stde. nördl. von Münsingen liegende Gruorn das gschw. *è, ê* dafür. Es scheint dies auf bewusster entlehnung aus dem gschw., der sprache der honoratioren, zu beruhen; wenigstens tun sich die Gruorner auf ihre „hochdeutschere" sprache etwas zu gut, namentlich ihrem *èa* sprechenden nachbar- und filialdorf Trailfingen gegenüber.

In Eningen bei Reutlingen erscheint für *ë* ein vokal zwischen *è* und *a* in grosser nähe des letzteren.

§ 34. AHD. MHD. *I*.

Altes *i* bleibt in M. Einige beispiele: *hìt* hirte < *hirte*; *siką* schicken < *schicken*; *wisbǫ́m* wiesbaum < *wisboum*; *sib* sieb < *sib-*; *tsìl* ziel < *zil*. — *i* wird *e* in *et* nicht < *iht*.

Vor *r +* cons. wird es *ì*: *gšìrr* geschirr < *geschirre*; *šärm* schirm < *schirm*; *khìrç* kircho < *kirche*; *hìrn* hirn < *hirn*; *fǐrirną* verirren < *verirren*. Vor *r* in offener silbe bewahrt *i* seine geschlossenheit, auch *i < ü:*

bìr < mhd. *bire* birne, scharf unterschieden von *bìər* bier < *bier*; *dìr* türe < *türe*; gegen *dìər* < *tier* oder < *dir*; *fìrnę́m* < *vürname* vornehm, vorzüglich, ahd. *furi-*; gegen *fìər* vier < *vier*; *sdìrą* stochern < *stür(e)n*; *šìrą* schüren < *schür(e)n*; *šbìrą* spüren, fühlen < *spür(e)n*.

Vor *r* in geschlossener silbe schiebt sich zwischen *r* und das gelängte *i* der nebenlaut *ə* ein, welcher bei *bir* usw. fehlt. Zu den schon angeführten kommen noch die fälle: *miər* < *mir* und *wir*; *iər* ihr < *ir*, nom. pl. der 2. pers. — *e* oder *i* im inlaut mhd. wörter vor vokalen, mit welchen es weder in dieselbe silbe gehört noch einen diphth. bildet, nimmt consonantische funktion an und wird zum verschlusslaut *g*; dieses verschmilzt mit etwa vorausgehendem *n* zu *ŋ*. Dieser fall liegt ausser in dem auch nhd. *khéfiç* < *cavea* vor in: *uf*əm*èrgą* Ave Maria, abendläuten, *ave* umgedeutet zu *uf* auf, und *mèrgą* hat sich so ergeben: *maria* (erste silbe betont) — *marja* — *margą* — mit umlaut *mèrgą*. *leŋ́ál* lineal, < *lineal* — *linjal* — *lingal* — *leŋ́ál*, dazu *leŋiərą* liniiren. Vgl. das pfälzische *leŋəniər* für lineal, aus einer mündlichen mitteilung; das schweizerische *liŋele* linie, Fr. VII 192; das Ebenweiler'sche (alem.) *lingar* und *lineal*, B. Al. Sp. s. 94; im ersten haben wir stammerweiterung durch *en*, im zweiten deminutivform, im dritten dissimilation; diese nebenveränderungen abgerechnet, stimmen die genannten fremden formen zu der regel in M. Ferner *faigəlę* veilchen < *viola* — *faiola* — *faijelę* — *faigəlę*. Dieselbe entwicklungsweise möchten wir auch dem in vielen deutschen mdaa. vorkommenden „verrungenirt" zuschreiben. Dessen grundform *verruinirt* ist vermutlich zunächst *verrunirt* dann *verrungirt* geworden, welches durch stammverlängerung mittelst *en* die jetzige form geliefert hat. *Verunganiara* auch in Ehingen an der Donau (B. Al. IX. 119).

B. Nebensilben.

§ 55. WECHSEL VON *ę* UND *ą*.

In unbetonter endsilbe, welche auf vokal oder *n* ausgeht in der älteren sprache, steht in M. bald *ę*, bald *ą*; heute ist der wechsel erstarrt. Derselbe wechsel in Schaffhausen: *i* und *ę* (Stick s. 55). Weinh. Al. Gr. s. 470 hält *a* für eine „andersfarbige spielart von geschwächtem *e*". So lautet z. b. *-iu* des nom. sg. fem. *ą*: *gúalą*, *sę́ną*, *raiçą*; *-iu* des nom. acc. plur. neutr. *ę*: *gúal*, *sę́nę*, *illę*.

In der mehrzahl der fälle steht für ahd. *in, i* — mda. *ę*, zuweilen auch *ą*. Für altes *a, an, en* steht mda. *ą*, zuweilen auch *ę*; oft beide im selben wort nebeneinander. Die einzelnen schwäb. mdan. sind hierin auch verschieden, so hat z. b. Merklingen fast durchgehends *ę*, während das 1 stunde davon entfernte Laichingen *ą* hat. Unter solchen umständen kann aus dem jeweiligen auftreten von *ę* oder *ą* wohl schwerlich ein rückschluss auf zu grunde liegende formen gemacht werden.

Beispiele aus M.: *mitti* — *mitę* mitte; *kirchwîhe* — *khĭrbę* kirchweihe; *holi* · *hélę* höhle; *alti* · *eltę* altsein; mhd. *büne* — *bęnę* zimmerdecke und dachboden; *wetę* n. pr. ein kleiner teich < *wettin* (Schm. s. v. *wette*); *lugî* — *lúgę* lüge; *mulîn* — *milę* mühle; *toufi* - *daefę* kindtaufe; *meni* · *męnę* gespann, veraltet, nahe am aussterben: Mähnebuu (Weitz. s. 11) ist eine falsche schreibung; das wort wurde, wie es scheint, schon von Weitzmann (1822) nicht mehr recht verstanden. **êrsti* · *aešdę* anfang. - Diesen *i* — *ę* schliessen sich folgende *a* — *ę* an: *lacha* · *laʒʒę* lache, pfütze; *smitta* · *šmitę* schmiede; *lucka* — *lukę* lücke; *blatta* — *blatę* stelle, fläche, daneben mit apokope *blat* dachziegel; *linda* — *lęndę* linde; *hutta* · *hitę* hütte.

vüdelîn — *fidlą* podex; *du* — *dę* unbetont du, *in* — *ą* unbetont ihn, betont *ęn*; *nâhôr* — *nôərą* von der stelle, *ą* angehängt; andere mdaa. haben *dą* für *du*, *nôərę* für M. *nôərą*. *âna* — *ónę* ohne; tante — *dąntą*; *Wuotan* — *módę*; nachlässige frage = franz. *plaît-il : hą* und *hę*, von denen das erste für höflicher als das letztere gilt. Im infinitiv wird ahd. *an*, *ôn, ên, en* gleichmässig zu M. *ą*; nicht so im nomen: *zeichan* — *tsòęrę* zeichen; *trucchan* · *druką* trocken, flektirt *drukęnr*. ebenso *offan* — *offą* offen, *offęnr*; *eigan* — *òęgę*, *òęgą* eigen; *ęʒʒan* · *èassą* essen, speise, plur. *èassęnr*; *îsan* · *aisę* eisen; die präpos. *in* wird sogar einmal *ą* in der redensart *ą gots nąmą* in Gottes namen denn.

Im ahd. wortbildungssuffix -*ida,* · das als solches im M. noch lebendig ist, wird *a*, wenn es nicht apokopirt wird, zu *ę*. z. b. *blôsədę* blasinstrument, *šîasədę* werkzeug zum schiessen, < **blâsida, *sciuzida*; *šnaiədę* kurzes schneegestöber; *hąndhébəd(ę)* handhabe, henkel; *hósąsbąnnəd(ę)* züchtigung, bei welcher die hosen des knaben straff angespannt werden.

§ 36. SYNKOPE.

Auf dem gebiete der flexion sind synkope und apokope in hohem masse von inneren flexivischen verhältnissen systemzwang, analogiewirkung — mitbedingt, so dass wir betrachtungen dieser art in eine flexionslehre verweisen müssen und uns hier auf das beschränken, was sich vom rein historischen standpunkt aus betrachten lässt.

1) *ge-* und *be-*.

Das verhalten der präfixe *ge-* und *be-* in der synkope ist verschieden. In *ge-* wird das *e* synkopirt vor vokalen und consonanten mit ausnahme der verschlusslaute; vor letzteren fällt *ge-* ganz, bleibt aber erhalten in deverbalen substantiven wie *gegrê* gekrähe, zu mhd. *kræn*; *gegilf* gewinsel, zu *gilfą* mhd. *gëlfen*; *gepfaif* gepfeife. Vor den übrigen conss. verhält sich *ge-* hier wie in andern wörtern: *gšbrą́ŋ* gespringe, *glaef* gelaufe, *gsą́ŋ* gesinge.

Beispiele für die regel: *galtəd* gealtert zu *altą* alt werden; *gopfrəd* geopfert; *gerpd* geerbt; *gfallą* gefallen; *gwissą* gewissen; *gsèlts* eingemachte früchte, < *gesälze*; *gšwèts* geschwätz; *gmọęd* gemeinde; *gnûag* genug; *glušd* m. (ge)lust; *grissą* gerissen; *khòesą* geheissen; *droŋką* getrunken; *bróχd* gebracht; *gąŋą* gegangen.

be- verliert sein *e* vor *s, š, l, r, h*, z. b. *bsê*$_a$ < *besëhen*, in augenschein nehmen; *bsûaχą* besuchen; *bšaisą* < *beschizen* betrügen, *bšis* < *beschiz* betrug; *bšlá* < *beslahen*,˙ ein pferd beschlagen; *bšdek* besteck; *bšdąę* gestehen; *bšdeđ* bescheid; *bšliasą* zuschliessen < *besliezen*; *blaŋą* impers. sehnsucht nach etwas haben < *belangen*; *bláy* f. lage, schichte; wie das genus zeigt, stammt das wort aus mhd. *lâge* mit unorg. präfix *be*; *briçdą* berichten; *brêgnəd* beregnet; *braofą* zu mhd. *roufen*, rupfen; *hásąbrupfṛ* = hasenrupfer, spottname der Münsinger; *phaltą* behalten; *phêb* knapp, eng, genau, < *mhd. behœbe*; *phèalfą* behelfen, refl.; *phiagot* = behüte gott, abschiedsgruss.

Ganz fällt *be-* nie ab; entweder bleibt es, der seltenere fall, z. b. *bewaisą* beweisen, *bedąŋką* bedanken; oder es wird durch ein andres präfix ersetzt, wenn die sprache nicht überhaupt zu einem andern worte greift, wie *f̦khǫmmą* für begegnen, *griągą* < *kriegen*, für bekommen.

Die grössere widerstandskraft von *be-* gegen synkope wie gänzlichen abfall, gegenüber dem entsprechenden verhalten von *ge-*, mag zum teil darin ihren grund haben, dass *be* mit betontem *bi* wechselte; wogegen der abfall des *ge* besonders im part. praet. auch durch ein zurückgreifen auf das präfixlose particip, — wo es eben nötig war — erklärt werden kann.

ge wird als *g* unorganisch gern vor *s*, *š* im anlaut gesetzt, wenn man darin nicht etwas rein phonetisches sehen will: *gsąfd* saft; *gsêą* sehen, gesichtssinn, dagegen *sêą* sehen im einzelnen fall, erblicken; *gšmeką* unpers. es schmeckt, aber *šmeką* riechen, trans. und intr.; *gšmatsgą* zum vorigen, hörbar kauen < **gesmackezgen* (s. s. 65 unten); *gšwëallą* < *swëllen* anschwellen; *gšëąkǝd* scheckig, bunt < *schërkëht*. Seltener auch vor anderem anlaut: *gwermą* aufwärmen. Unrechtmässig weggelassen ist ein scheinbares *ge-* in *ipsr* gipser, weissputzer < *gipser*, in dem das sprachgefühl *ge-ipser* vermutet. Die falsche vorstellung kam wohl von dem part. *gegipst*, das in M. der regel gemäss *gipsd* lautete, und dann in *ge-ipsd* umgedeutet wurde. So scheint auch das nachlässige *baχd* gib acht, eine gefühlte zusammensetzung *ge-bacht* vorauszusetzen.

2) -*el* und -*er*.

Die vokale dieser nachsilben werden unbekümmert um ihre herkunft in gleicher weise synkopiert; *l* und *r* werden dadurch silbebildend: *l̦*, *r̦*; z. b. *himil* ahd. — M. *hęmm̦l*; *fogal* — *fógl̦*; *sluʒʒil* — *šlissl̦* schlüssel; *hevil* — *héfl̦* sauerteig; *fatar* — *fatr̦*; *fetiro* — *fetr̦* vetter; mhd. *málære* — *mólr̦* maler; ahd. *jâmar* — *įǫ́mr̦* jammer; ahd. *hamar* — *hą́mr̦* hammer; ahd. *ëbur* — *ëabr̦* eber; *grôzêr* — *graosr̦*; *grôziro* — *graesr̦*. ebenso mit dem suffix -*ôro*. Das sonantische *r̦* nach vokal entwickelt ə: *haoər* < *hôhêr*; *uiər* < *iuwêr*; *grâwêr* *grôər*. Tritt an auslautendes *r̦* ein weiteres *r̦* irgend welcher herkunft, so bilden beide zusammen ein zweigipfliges sonant. *r̦*, das wert und dauer zweier silben besitzt; z. b. *ǫnsr̦* unser

— dat. sg. f. *ǫnsrr* unserer, aus den ahd. *unsêr, unsêreru*;
theátr — *theátrr* schauspieler, volkstümliche bildung mit -*er*
mhd. *ære*; *mèassr* sg. messer, plur. dazu *mèassrr*, der ahd.
ir-plural; *saulr* < mhd. *sûber*, compar. *saibrr*.

Sonant. *r* hinter kurzem vokal + *r* (fortis, § 5 A 1) verschwindet; nach langem vok. + *r* (len.) bildet es mit dem
r eine silbe. Also *pfarr* pfarrer < *pharrare*; *bôɔrr* bohrer
zu mhd. *born*; *hôɔr* < *hâr* haar, plur. *hêɔrr* frisuren. Bei
diphth. schwindet dabei das ə: *uiər*, nom. sg., *uirr* dat. sg. f.

Beim antritt einer vokalisch anlautenden silbe verhalten
sich *r* und *l* verschieden, ersteres behält seinen silbebildenden
charakter, letzteres wird consonantisch. (Ähnlich in Schaffhausen, Stick s. 11). Wörter wie *hęmrą* hämmern < *hąmr*
hammer; *slossrą* das schlosserhandwerk betreiben, < *slossr*;
snaidrę schneiderin, frau eines schneiders; *tsitrəd* zittert, sind
daher dreisilbig. Nur in dem einen worte *óbrąmt* oberamt
und seinen ableitungen *obrąmpmąnn* oberamtmann, usw. verliert *r* seine silbebildende kraft. Beispiele für *l*: *sissl* schüssel
< ahd. *seuzzila*, bildet den plur. *sislą*; *satl* sattel < ahd.
satal, *satlą* satteln, *satlr* sattler, alle 3 wörter 2 silbig; *góglopf*
gugelhopf, ein gebäck, zu mhd. *gugel* kapuze.

Dieses verschiedene verhalten der beiden liquiden findet
seine erklärung in dem verschiedenen charakter ihrer artikulation. Bei der des *r* schwingt der zungensaum, d. h. *r*
wird artikulirt durch einzelne aufeinanderfolgende stösse;
während dagegen *l* artikulirt wird, verharren die organe in
der einmal eingenommenen stellung: zur erzeugung des *l* genügt ein ganz kurzer einsatz des stimmtons, bei *r* müssen
mindestens ein paar vibrationen stattfinden. Letztere können
immer noch so verteilt werden, dass ein teil eine silbe für
sich bildet, ein andrer teil consonantisch die folgende silbe
anlautet. Eine solche teilung ist bei *l*, das sich gern auf das
geringste mass von artikulationsdauer reducirt, etwa in *góglopf*, nicht ebensogut möglich als bei *r*; vielmehr ist *l* vermöge seiner kurzen dauer geneigt, ganz als anlaut zur folgenden silbe zu treten. Vgl. Siev.[3] s. 39. —

Svarabhakti kennt M. nicht.

An -*er* möchten wir *ver*- anschliessen, dessen vokal gleichfalls syncopirt wird: *fr̥*. Folgendes *r* stört *r̥* nicht in seiner sonantischen function. Einige beispiele: *fr̥gwçnnɑ* verspielen, verlieren, das gegenteil von *gwçnnɑ* gewinnen; *fr̥-* tritt auch für *zer-, er, ent-* ein: *fr̥baisɑ* zerbeissen, *fr̥raisɑ* zerreissen; *fr̥tsélɑ* erzählen; *fr̥fórɑ* erfahren; *fr̥tlaenɑ* entlehnen < *verentlêhenen. So erklärt das *fr̥t-* Heusl. s. 109, und es stimmen dazu aus M.: *fr̥tlaofɑ* entlaufen, part. *fr̥tloffɑ*; *fr̥tlöcdəd* entleidet; aus k.: *vertronnɑ* entronnen (Weitz. s. 106). In *fr̥twissɑ* erwischen, ertappen, scheint *t* aus analogie mit den übrigen sich eingeschlichen zu haben. Vgl. B. Augsb. s. 18; Wint. s. 48.

vor-, wenn unbetont, wird auch zu *fr̥*, in dem éinen *fr̥bai* vorbei.

3) *-ig*.

Im allgemeinen bleibt mhd. *-ig-* in seinen beiden in M. gleichwertigen formen *ig* und *iç* völlig erhalten. In letzterer, der fränkischen lautform, tritt es mit M. *-liç* < mhd. *-lich, -lich* in wechselwirkung, das ebenfalls mit geringen ausnahmen erhalten bleibt (s. 4). So hat M. die „umgekehrte" lautform *frailig, frailiç* neben *frailę* freilich < mhd. *vrîliche*; *natiərlig* neben *natiərliç* natürlich.

Anm. In k. werden die meisten mhd. *lich* zu *lę* (eine menge beispiele bei Weitz.); in M. nur einige: *wòetlę* eilig, flink < *weideliche*; *frailę* freilich < *vriliche*; *fɑçtlę* sehr, eifrig < *vintliche*. —

Die spirans *ç* hinter *i* erscheint nach analogie mit *ig* — *iç*. zuweilen sogar für *k* in fremdwörtern: M. *grɑmmatiç* grammatik; aus der Steinlacher gegend bei Tübingen: Musik — *musich* (Fr. VII. 415).

Synkope von *i* in *ig*, *iç* ist ausnahmeerscheinung; durchgängig tritt sie ein in den zehnern der cardinalzahlen: *tswɑntsg, fiərtsg, fuftsg, sèaχtsg, sibətsg, aχtsg, nɑçtsg*; auch 30 *driẓig-* muss sich fügen: *draisg*, obwohl sonst *s*, *ẓ* vor *ig* keine synkope hervorruft. *vliẓiç* *flaisig, flaisiç*. Tritt die superlativendung an, um die ordinalia zu bilden, so erscheint in M. *i* wieder, wogegen es auch da in L. wegbleibt: z. b. M. *fuftsigśd*, L. *fuftsgçśd*. Zur erklärung können zwei tatsachen herangezogen werden: 1) die leichtigkeit, mit welcher auslautendes *ts* (alt oder neu) unorg. *g* antreten lässt: *stëft* — *šdèaftsg* breite nadel; *wëfse* — *wïaftsg* wespe; ahd. *brézita* — gschw. *brètsəd* — M. *brèatsg* bretzel; das dunkle *briatsg* häcksel, gehört wohl auch hieher; *siufzen* — *saiftsgɑ* seufzen; *sbótsgɑ* oft ausspucken, iter. von *sbukɑ*, die entwicklung wäre (nach s. 65 unten) folgende gewesen: *spucken — *spuckezen — *spuckezgen — *spukzgen — *sbótsgɑ*. 2) Die synkope von *e* in der mhd. präpos. *ze* in jeder umgebung: *tsóbəd* < *ze ábende*, heute abend; *tsnlm* < *ze Ulm* in Ulm, *tsjòər* nächstes jahr; *tsmidág* heute mittag; *tsmól* < *ze mâle*, plötzlich, auf einmal; *tsęmɑ* < *zesamene*; *ts khommad* zu kommen < *ze komenne*; *ts huerəd* < *ze hörenne*; *ts raitlęŋɑ* in Reutlingen; sogar vor *z*: *ts tsòeçnəd* zu zeichnen < *ze zeichnenne*.

Diese beiden tatsachen mögen zusammengewirkt haben, um das *i* in *-zig-* zum ausfall zu bringen. So fällt auch *i* in *metzige* — *metsy* fleischerladen; aber nicht in *huotsig* hochzeit < *hôchzît*.

In den bisherigen fällen wurde *i* nur in mda. *-ig* synkopiert, stets blieb *g*; in einem falle nun auch in der form *-iç*: *šdèrç* steif, zäh; ob. Ld. *stärrig* (str. 34. 3) == gesteift, zu mhd. *starren* steif sein, ist ohne zweifel als grundform anzunehmen.

Auch hinter *l* wird in einem falle *i* synkopirt: in dem erstarrten *hòlg* < *heilig-*, und seinen ableitungen; *hòlg* m. heiligenbild, bilderbogen, s. s. 59; in der bedeutung „heilig" hat M.: *hòelig*, *sɑchòeliy* scheinheilig.

Unorg. *-iç* (nur so) haben wir in M. *gressiç* kresse < *krèsse*; *tsèllŗiç* sellerie < frz. *céleri*; umgekehrt hat k.: *essę* essig — M. *essiç* < *ęzzich*.

§ 37. APOKOPE.

Von flexivischen verhältnissen abgesehen, ist hier nur zu sagen, dass im allgemeinen ahd. kurze vokale in M. apokopirt werden; z. b. *bek* bäcker, ahd. *beccho*; *bot* bote, ahd. *boto*; *tsọŋ* zunge, ahd. *zunga*; *fill* viel, ahd. *filu*; *gešd* gäste, ahd. *gesti*; *farb* farbe, ahd. *farawa*; *mëal* mehl, ahd. *mëlo*; *šę́* schön, ahd. *srôni* usw.

Das auslautende *a* der ahd. fem. auf *-ida* wird ebensooft abgeworfen, als es bleibt und zu ę wird. In M. sind es feminina, welche beliebig von verben, nicht wie im ahd. von adjektiven gebildet werden können. Das suffix -*ida* — -*ədę* ist in M. noch lebendig; namentlich in der sprache der kinder kommt es zu reichlicher verwendung. Das entstandene substantiv bezeichnet in den meisten fällen das werkzeug oder material der im verbum ausgedrückten tätigkeit, und ersetzt die dem kinde vielleicht nur im augenblick unbekannte gewöhnliche bezeichnung des gegenstandes. So z. b. *blósədę* zu *blósą* < *blåsan*, werkzeug zum blasen: trompete; *śiasədę* werkzeug zum schiessen: gewehr; *hupədę* w. zum *hupą*, eine aus abgeschälter junger rinde gemachte pfeife von kurzen, abgebrochenen tönen; vgl. s. 22.

Doch auch die erwachsenen bedienen sich des suffixes -*ida* — -*ədę* zur bildung von wörtern des genannten charakters; nur sind hier daneben keine sonstigen üblicheren benennungen vorhanden. Z. b. *hèrrəd* einrichtung zum vogelfang, zum verb. *hèrrą* meistern, überwältigen; *śaisədę* diarrhöe; *baχχəd* soviel auf einmal gebacken wird, zu *baχχą*; *khoχχəd* zu *khoχχą*, éin gericht; *drágəd* soviel auf einmal getragen werden kann; ebenso *śiadəd* zu *śiadą* sieden; *sąmləd* zu *sąmlą* ein häufchen halme; *šęmpfəd* zu *šęmpfą* schelten, eine portion schelte; *mèrkgrómad* geschenk an markttagen, aus *mèrkd* markt, und *grómą* kramen, kaufen, zusammengesetzt; *frèassəd* verächtlich für gesicht, eigentlich werkzeug zum fressen; *śdrikəd* zu *śdriką* stricken, strickzeug, strickstrumpf; *sięglhęykəd* fest der beendigung der getreideernte, eigentl. wo die sichel aufgehängt wird; ebenso *pflégļhęykəd* fest der beendigung des dreschens. *šlaifəd* zu *šlaifą* gleiten, schmale eisfläche, auf welcher sich die kinder durch gleiten belustigen; *móśdəd* obstkelter, zu *móśdą* obstwein bereiten.

§ 38. SONSTIGE NEBENSILBEN.

Hier herrscht der bunteste wechsel von erhaltung, abschwächung und gänzlichem schwund des vokals. Regeln lassen sich kaum aufstellen.

a) Zusammensetzungen.

Diese bewahren zum teil die quantität des vokals der nebentonigen silbe: *lòetsòel* leitseil; *šnaewais* schneeweiss; die mit ahd. *-lôh* wald zusammengesetzten orts- und flurnamen: *brému̥lao* Bremelau, *òeçalao* Aichelau, *wešdylao* L. name eines waldes. M. *khçykalao* flurname. Daneben erscheinen auch n. pr. mit gekürztem ó: *šopfloχχ* Schopfloch, *bçrnloχχ* Bernloch; bei diesen ortsnamen an „loch" zu denken, verbietet ihre lage auf freier hochebene; wie *dègyloχχ*, Degerloch bei Stuttgart, von der höhe auf das im tal liegende Stuttgart herniederschaut.

In anderen zusammensetzungen erfährt der vokal der nebentonigen silbe verschieden starke schwächung: *snittlç* schnittlauch, neben *gnòblaoχ* knoblauch; *khìrbç* kirchweihfest < *kirchwîhe*; *-heim* erscheint als *-hoçm* und *-a̧*: Sontheim (s. 38) *sóthoçm*, Magolsheim *mògļshoçm*, Rietheim *riata̧*, Granheim *gráṇa̧*; das die bewohner dieser orte bezeichnende suffix *-əmy* < *-heimer* erscheint jedoch bei beiden entwicklungen und sogar unorganisch bei ortsnamen, welche nicht mit *-heim* zusammengesetzt sind, *mògļshoçmy*, *riatəmy*, *grúal* Gruorn (s. 62) — *grúaləmy*. Ferner *hęndšiç* handschuh < *hantschuoch*, simplex *šňa* schuh. Besonders gern wird *a* in nebentonigem *-tag* zu *i* abgeschwächt: die namen der wochentage: *sontig* und *sontiç*, *mètig*, *du̧šdig* usw.; dazu *failig* feiertag < *vìrtac*; *lèapdig* und *lèapdìg* < *lïbe-tac*. (Kürzeerhaltung und fortis für etymol. lenis ist wohl nach Heusl. s. 42 zu beurteilen); *wèərtig* werktag < *wèrctac*.

Sehr beliebt ist der völlige schwund des vokals in nebentoniger silbe, welche auf *l* auslautet: die mit *-tal* zusammengesetzten flurnamen *bǫotļ* < **bountal* Baumtal; *saetļ* Seetal; *khìtļ* < **kirchtal*; aber *haedàl* Heutal, *duifa̧dál* Tiefental; dazu *šbitļ* spital, neben *shitál*. Ferner *fòrtļ* vorteil; *wolfļ* wohlfeil; *wiafļ* wie viel; *sófļ* so viel; aber entgegen sonstigem alem. schwäb. gebrauch *hçndfól* handvoll, *maulfól* mundvoll; dazu *bùdļ* ein flüssigkeitsmass < frz. *bouteille*, das auch mit der bedeutung flasche als *butèll* erscheint (*è* betont).

Weitere fälle: *šdûagyt* Stuttgart < *stuotgarte*; *gnits* wertlos, schlecht, phys. und moral., < *keinnütze*; *haotsig* hochzeit; *juncvrouwe* — *iǫŋkfṛ* jungfer.

Zusammensetzungen, deren zweiter bestandteil nicht mehr selbständig vorkommt: -*heit* erscheint in M. als -*ǝd*: *grąŋkǝd* < *krancheit*; oder als gschw. *haet*: *glącnikhaet* kleinigkeit; k. hat dafür *hòet*: *Kloinigkoit*, *Obrigkoit* usw. (Weitz. s. 76 und öfter); dazu *arbǝd* arbeit < *arebeit*; *šultǝs* schultheiss < ahd. *scultheiʒo*. Suffix -*ach* mhd. — Mda. -*iç*: *šdokiç* flurn.. *auriç* Urach (s. 50); -*schaft* — M. -*šafd*: *hèršafd* herrschaft; *gselšafd* gesellschaft; *sipšafd* < *sippeschaft*, verächtlich für verwandtschaft.

b) Einfache Wörter.

Auch hier herrscht grosse mannigfaltigkeit. Erhaltung der quantität: *âmeize* — *ǫmòes* ameise; *armuot* — *armûǝt* armut.

Abschwächung: *hǫęmǝd* heimat — *heimuot*; *mǫ́nǝd* monat < *mânót*; *òblat* < *obláte* oblate; *júgǝd* jugend < *jugent*; *ôbeǎ* abend < *ábent*; *hęmmǝd* hemd < ahd. *hemidi*, aber *frę́md* fremd < ahd. *fremidi*; *wąmmǝs* wamms < *wambis*; *dǫ́ąną* Donau < *Tuonouwe*.

Das suffix -*ëht* wird zu *ǝd*: *narrëht* — M. *narrǝd* närrisch, irr; ebenso *drèkǝd* dreckig; *ękǝd* eckig; *gšèǎkǝd* scheckig; *gšdǫmpǝd* strunkhaft, zu *šdǫmp* stumpf, baumstumpf < mitteld. (?) *stumpe*; *tsąluką̀d* zahnlückig; dazu *fásnǝd* fastnacht < *vasnaht*.

Unbetonte vokale in fremdwörtern erscheinen meist als *ǝ* oder *ą*; z. b. *eląfąnt* elefant; *ąbądék* apotheke; *nausdiffądiǝrą* hinausdividiren, scherzhaft für hinausdrängeln; *lokhǫmądíf* lokomotive.

Zum *ą* in *etą* einem verstärkten *et* nicht < *iht*, ist etwa *neiną*, das mhd. verstärkte *nein*, zu vergleichen.

Vokalschwund: *mèrkd* markt < mhd. *merket*; *hąns* koseform für Johannes; *ešš* gleichmässig bestellter teil der flur, < *ezzisch*; *ąmt* amt, < *ambet*; *ęmt* ohmet < *âmǎt*; *huopd* kohlkopf < *houbet*; *máyd* dienstmädchen < *maget*.

Vokal vor altem *st* fällt: *ërnest* — *ęrnšd* ernst; *dęnšd* < *dienest* dienst, usw. So auch *aoyšdąlą* wetterleuchten, ohne zweifel von dem auf der ersten silbe betonten *august* — mhd. *ougest* abzuleiten.

Ferner: *mrai* < María, aber nur in zusammensetzung mit andern taufnamen (s. 46); *sęmps* sims < *simeʒ*; *hąmpf* hanf < *hanef*; *sęmpf* senf < *senef*; *égd* egge < *egede*. *èrps* erbse < *eṅceiʒ*.

c) Deminutiva.

Das mhd. deminutivsuffix *-elîn* erscheint in M. als *lę* und *əlę* im sg., als *lą* und *əlą* im plur., bei den deminutiven auf *əlę*, *əlą* fehlt in der regel der umlaut. Z. b. *haislę* häuschen, plur. *haislą*; *wéldlę* wäldchen, plur. *wéldlą*; *gétlę* gärtchen, plur. *gétlą*; *hęndlę* händchen, plur. *hęndlą*, oder *hąndəlę* — *hąndəlą*; *tsą́* zahn, *tsę́lę* oder *tsą́nəlę* zähnchen.

Über die dem. auf *əlę* von wörtern auf *l, ļ* vgl. s. 25.

Die masculina der *a*-deklination auf ahd. *an* bilden das dem. ebenfalls und nur auf *əlę*, obwohl ihr simplex im nom. sg. das *an* abgeworfen hat: *rêay* regen — *rêayəlę*; *óf* ofen — *éfəlę*; *háf* hafen, topf — *héfəlę*; *wáy* wagen — *wégəlę*. Ebenso die schwachen subst. auf ahd. *-ro, -no: karro* — M. *khąrr* der karren, dem. *khèrrəlę*; ahd. *fano* — M. *fą́* m. die fahne, dem. *fę́nəlę*; *brunno* — M. *brǫnn* brunnen, — *brę̨nnəlę*; *hano* — M. *hą́* fasshahn — *hę́nəlę*.

Bei den wörtern, welche beide dem.-suffixe antreten lassen können, hat sich ein unterschied in der bedeutung entwickelt. Die deminutiva auf *əlę* drücken das weiche, zarte der empfindung und die teilnahme noch mehr aus als die auf *lę*; sie werden fast nur in der unterhaltung mit kleineren kindern gebraucht. Diesem kreise entstammen wohl auch die sonderbaren deminutiva *wásəlę*, ein teilnahmsvolles „was?"; ebenso *sódəlę* < *só* so, mit euphonisch eingeschobenem *d*; *auəlę* interjektion des schmerzes, neben *aą* < *ouwí*. Diese drei wörter sprechen deutlich für den umfang und die bedeutung, mit welcher die deminution in M. wie im schwäbischen überhaupt auftritt.